日本の幽霊事件

小池壮彦
koike takehiko

幽
BOOKS

日本の幽霊事件

小池壮彦

日本の幽霊事件◉目次

軍都赤坂のメイド霊

……麻布一連隊跡地

かつて防衛庁があった東京・赤坂九丁目の敷地は、「東京ミッドタウンプロジェクト」と呼ばれる大規模再開発の波に洗われ、いまはホテル・住宅・オフィスを含む超高層複合ビルが建っている。二十一世紀になって、都市の景観は大きく変貌《へんぼう》した。

さかのぼれば、江戸時代のこの地には、長州藩毛利家（松平大膳大夫《だいぜんのだいぶ》）の屋敷があった。明治四年（一八七一年）の廃藩置県にともなって官有地となり、その後は陸軍第一師団歩兵第一連隊、いわゆる麻布《あざぶ》一連隊の敷地となった。

昭和二十年（一九四五年）の敗戦後に、麻布一連隊兵舎は米軍に接収されて「ハーディ・バラックス」と改称された。いまも当時の名残として「赤坂プレスセンター」という米軍基地がある。今日なおアメリカ側はこの施設を「ハーディ・バラックス」と呼んでいる。

麻布一連隊の旧兵舎が、日本に返還されたのは、昭和三十三年（一九五八年）のことである。その二年後に防衛庁が引っ越してくる。宿主は替われども、明治以来この地は、一貫して軍用地であった。それが新世紀を迎えて、ついに民間の手に渡ったのである。

これからお話しするのは、かつての軍都・赤坂が生んだ、知られざる怪談である。

麻布一連隊兵舎が、米騎兵第一師団司令部となってまもない頃に、夜な夜な日本兵の亡霊が現れて進駐軍の兵士たちを悩ませた。この出来事は内々に処理され、一般に知られることはなかったが、昭和三十年代になってから、事件の当事者が公表したのである。

当事者というのは、探偵小説作家の大河内常平《おおこうちつねひら》であった。大河内は、戦後に『宝石』、『探偵倶楽部』、『探偵実話』などの雑誌で活躍したが、昭和二十六年（一九五一年）までは、ＧＨＱの日本人ガードを務めていた。つまり、敗戦後に進駐軍の活動に直接関わり、米軍司令部の内部事情を知る立場にいたのである。

＊

事件が起きたのは、昭和二十一年二月のことだった。

深夜に、パーン、パーン、と銃声が響き、何事かと米兵がパトロールに出た。

敷地のはずれに池がある。隣は射撃場である。

その付近を巡視したとき、池のほとりにうずくまる人影を見た。

近づいて確認すると、日本兵の姿をしていた。

同じ頃、大河内常平は、ハーディ・バラックスの内部で夜勤を務めていた。

すると、パトロールの米兵が、真っ青な顔で部屋に駆け込んできた。

「いったいどういうことだ？」

と英語で怒鳴ってから、日本兵の幽霊を目撃したことを報告した。

これを皮切りに、ハーディ・バラックスでは、深夜の銃声と日本兵の亡霊の話でもちきりになった。大尉や中佐といった階級の人物も同じような体験をするに及んで、ほとんどパニック状態に陥った……というのである。

米兵たちの取り乱す様に比べて、大河内たち日本人ガードは、案外落ちついていたらしい。というのも、この敷地がもともと麻布一連隊という由緒ある部隊のものであり、明治以来の連隊史から見て、幽霊が出てもおかしくない事情を知っていたからである。

米兵が幽霊を見たのは、ハーディ・バラックスの敷地内にある池のほとりであった。直径五十メートルほどのこの池は、戦前からずっとある。実は江戸時代からあるのだが、その事情はあとで述べる。とにかくこの池は、かつて麻布一連隊に入隊した初年兵たちが、厳寒の中、過酷な訓練を強いられた、いわくつきの現場であった。

若い兵士たちは、凍《い》てつく池に入らされ、銃をささげながら、身体で氷を割りつつ水中を進む。池底の藻が足に絡みついてうまく進めないが、命令だからやるしかない。だが身体は凍りつき、思うように動けない。

　真冬にいつまでもそんなことを続けていれば、体力に自信のある者でも失神してしまう。あげくの果てに病死したり、訓練に耐えられずに脱走を試みる者もいた。ノイローゼになって銃で自殺した者もいたという。かくして麻布一連隊の兵舎には、初年兵の怨念がこもった。事情を聞いた米兵たちは、なるほどと頷《うなず》いたという。

＊

　旧防衛庁に日本兵の幽霊が出たという話や、麻布一連隊にまつわる似たような怪談は、別のソースでも伝えられるところである。しかし、大河内常平の談話が最も具体的であり、祟りの現場が敷地内の池であったことを明確に指摘している。

　戦前の地図を眺めると、麻布一連隊の敷地にある直径五十メートルほどの池というのは、ひとつしかない。いまも存在する「檜町公園《ひのきちょうこうえん》」の池である。

　もとをたどれば、この公園は、毛利屋敷の庭園の名残である。江戸時代には「清水園」という有名な大名庭園であった。それが明治政府に接収されて以後、どうなったかについては、麻布一連隊の正史である『歩兵第一聯隊歴史』に記録がある。それによると、庭園の跡地が麻布一連隊の敷地に組み込まれたのが明治十七年（一八八四年）のことだった。その二年後に鍬兵《しゅうへい》（工兵）の作業場と定められ、周囲に土堤を築いたという。ならばそのときに池を埋め立ててもよかったはずだが、連隊の幹部は、むしろ庭園の原形を保存することに心を砕いたようである。

当時、池の中ノ島には、毛利家由来の稲荷社があった。その隣には、厳島《いつくしま》神社から分霊した社殿もあった。それらの社に参拝するときは、必ず偶数の人数でないと祟りがあると伝えられていた。そんなこともあって、麻布一連隊といえども、うかつには池に手が出せなかったらしい。

近代の軍隊が、そのような迷信を重視するだろうか。そんな疑問を持たれるかもしれないが、厳島神社は、旧長州藩の守り神なのである。近代の軍隊といっても、その実は長州の軍隊であり、神社崇拝を否定したわけでもない。

『歩兵第一聯隊歴史』には、毛利家の古老が伝える池の霊験譚が記録されている。長州征伐の折に、幕府軍が赤坂の毛利屋敷を攻めたとき、たちまち大雷雨となって屋敷の破壊を果たせなかったという逸話である。これは史実ではないのだが、陸軍大将の大庭二郎が古老に聞いたエピソードとして珍重された。大庭大将は長州の出身である。

史実としては、元治元年（一八六四年）の第一次長州征伐の折に、幕府軍は毛利屋敷を徹底的に破壊している。当時の模様を記録した『嘉永明治年間録』には、幕府軍が土蔵から何から残らず引きつぶしていったと記されている。跡地を片づけるのに閉口したというのである。そのときに庭園がどうなったのかは記されていないが、よほど激しい攻撃にさらされたようだから、池の神社も失われた可能性がある。

麻布一連隊サイドの記録では、池の中ノ島の稲荷と神社は、幕末・明治を通じて、ずっと存在していたことになっている。しかし、それらは毛利屋敷時代のものではなく、明治になってから再建したレプリカだったのではないだろうか。それがいつのまにか、幕府軍の猛攻にも耐えた霊験あらたかな社殿という長州びいきの伝説を生んだとも考えられる。

＊

昭和七年（一九三二年）の暮れに、麻布一連隊は神主を呼んで池の御祓《はら》いをした。全兵員総出で神域清浄を行なった。池の泥をすくい、壊れた箇所を修復し、中ノ島に記念樹を植えた。翌年には、三千匹の鯉や金魚を池に放し、盛大な稲荷祭を挙行した。

以来、毎年の祭典時には、一般人にも池を開放した。歴代の連隊長が、中ノ島の社に幟《のぼり》を献納する慣例もできたというが、これは言い替えれば、昭和七年までは池の手入れをまったくしていなかったということだ。その理由を連隊史は次のように記す。

「池の手入をすると祟りがあるとの迷信に就ては、此《こ》の池は昔鏡ヶ池と称した如く水が清澄で参詣《さんけい》者が賽銭《さいせん》を池に投げ入れたので、之《これ》に手を触れることを忌んだ結果生じたものではあるまいか。荒唐無稽の迷信は打破しなければならぬ」

上：再開発前の檜町公園。写真はかつての池の中ノ島である。戦前までは、稲荷の社や、厳島神社の社殿があったという。戦後に旧軍関係者が石碑を建てた。島の中央にそれが見える。

左：池の中ノ島に建っていた頃の「歩一の跡」。旧軍関係者が建てた記念碑である。再開発後は公園の南側入口近くに移された。進駐軍を恐れさせた皇軍兵士の亡霊はいま何を思う……。

下：再開発工事中だった頃の檜町公園。赤坂中学校側の入口である。階段を上ったところはミッドタウンガーデンというエリアに生まれ変わって現在に至る。

目黒政一の跡

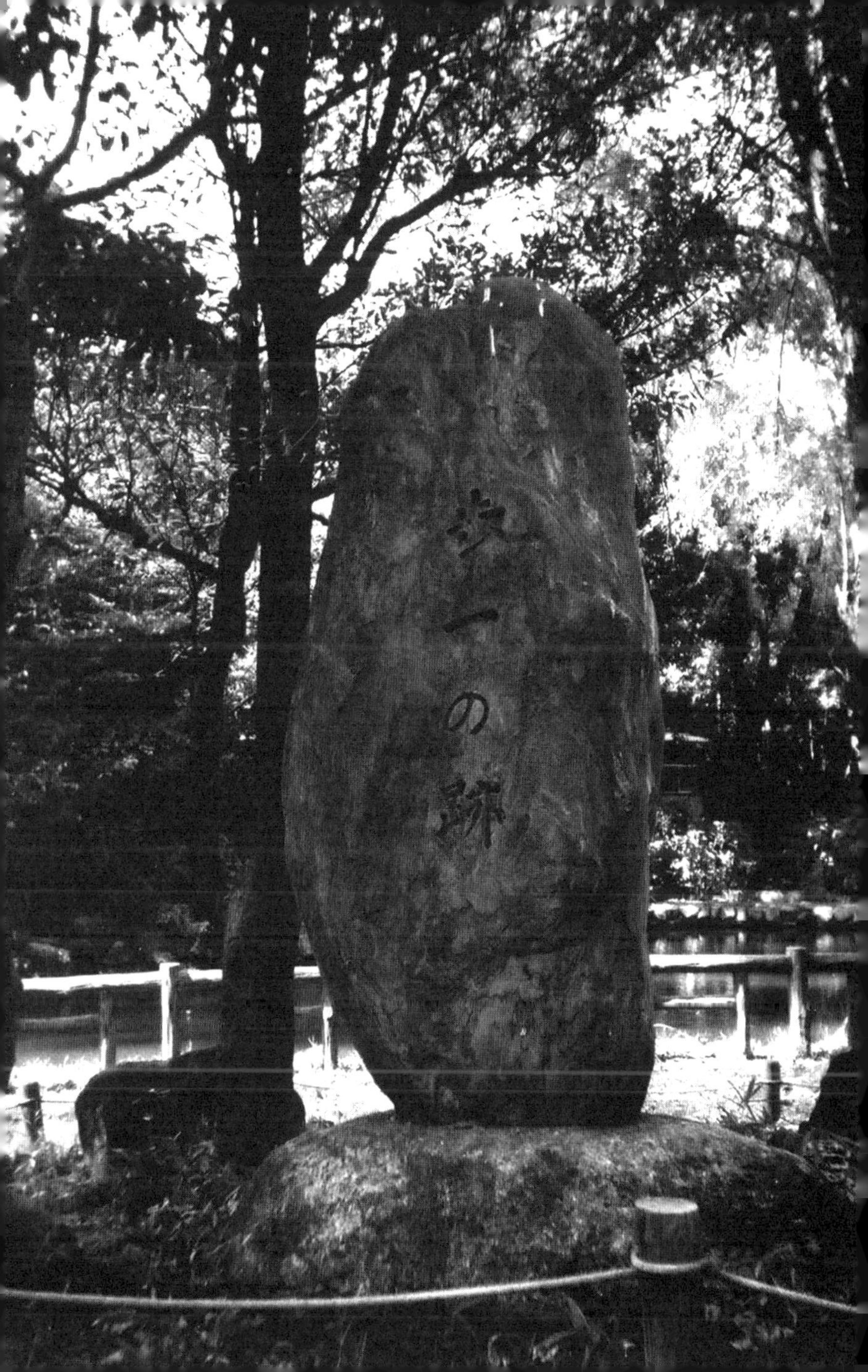

この引用文は、連隊史の記述の中でも特異な部分である。いかにも唐突に、祟りの話が出てくるからである。なぜそんなことを述べなければならないのかという説明はない。いちいち説明する必要もないほどに、祟り話は周知の事柄だったと見られる。

もともと連隊の正史というのは、大正時代になって日清・日露戦争を知らない世代が入隊してきた折に、軍隊の沿革と栄光を記録しておく必要が生じて編纂《へんさん》された。大正七年（一九一八年）に発行された『歩兵第一聯隊史』にその趣旨が述べられている。内容は極めて硬派である。しかし、昭和十年（一九三五年）発行の増補版『歩兵第一聯隊歴史』になると、迷信や祟りの話を載せはじめる。時代が昭和を迎えて、明治維新の記憶が遠くなり、同時に軍内部に迷信がはびこるような状態が定着したものと見られる。だからこそ、軍の正史であえて「迷信打破」を叫ぶ必要も出てきたのである。

初年兵の幽霊話については、さすがに正史も口を噤《つぐ》んでいる。しかし、過酷な訓練がもとで死んだ者がいたのは事実であろうし、そもそも初年兵を池に入れてしごいたというのも、迷信打破を目的とした訓練だったのかもしれない。それが逆効果となり、かえって池の祟り話を増幅させる結果に終わったとすれば皮肉な話である。

ともあれ、昭和になって池は整備され、開かれた神域として、一般人の参詣も許されるようになった。だが、敗戦によって池の運命は大きく変わった。中ノ島にあった厳島神社の社殿は終戦時に失われた。これは進駐軍が撤去したらしい。

その後は同じ場所に「歩一の跡」という石碑が建てられた。昭和三十八年（一九六三年）に、元陸軍大将・岡村寧次《やすじ》をはじめとする旧軍有志の手で建立された記念碑である。碑文には、連隊の歴史が簡明に記され、「本碑を建てて永くその跡を留める」と刻まれた。郷土の軍隊の記憶を後世に残す記念碑であるとともに、戦死した兵士の鎮魂碑であり、また連隊の内部で密かに死んでいった兵士たちへの思いも込めた石碑だったのだろう。しかし、今日の現場を訪ねても、郷土の軍隊がこの地を守護した戦前の面影は、まったく見られない。ましてや「清水園」という、豪華絢爛《けんらん》をうたわれた大名庭園が広がっていた時代の記憶を呼び起こすことは難しい。

東京ミッドタウンができるまでは、池のわきに小高い丘があり、その一番奥まったところに大きな燈籠《とうろう》があった。誰にも気づかれたくないかのように、木陰にひっそりと建っていた。おそらく旧毛利庭園の遺構であって、しいていえば、昔の名残であった。

戦前までは、この地に「お化け燈籠」と呼ばれるものがあった。燈籠のくせに足を生やして、夜な夜な赤坂界隈《かいわい》を歩いたという伝説がある。いわゆる麻布七不思議には、この話は入っていない。だが、麻布一連隊内部では「お化け燈籠」も七不思議のひとつに数えていたという。「お化け燈籠」は、燈籠の頭の部分だけしかなく、頭だけで大きさが二メートル近くもあった。もともと足がなかったことから、夜中になると足が生えるという伝説が生まれたのかもしれない。

平成十六年（二〇〇四年）に、雑誌『幽』の取材でこの地を訪れたとき、すでに工事の用具などであたりは散らかりぎみであったが、まだ防衛庁時代の白い塀は残っていた。それは旧軍以来の遺構であった。池につながる小さな滝の上には、独特の暗いムードを漂わせた丘があった。そこから滝に沿って下りたあたりに、ひっそりと石碑が横たわっていた。大きさは六十センチほどで、近づいてよく見ると、「昭和三年十一月十日・昭和御大典記念樹」と刻まれていた。昭和天皇の即位にあたり、ここに樹木を植えて祭典を催したときの記念碑である。

大勢の人がこの地に集まり、日の丸の旗を振りつつ、「天皇陛下万歳！」と叫ぶ光景が脳裏に浮かぶ。麻布一連隊兵士たちの誇りに満ちた表情。郷土を守ることに命をかけた青年たちの精悍《せいかん》な顔つきが目に浮かぶ。

だが、ふと我に返り、あたりを見渡しても、往時を偲《しの》ばせる痕跡はない。記念碑だけが、雑然とした草むらの中に寝かされている。七十五年の歳月を回顧するには、あまりにも寂《じゃく》寞《まく》とした風景であったことが思い出される。

＊

昭和御大典記念樹石碑。檜町公園が整備される前、草むらに横たわっていた石碑。昭和３年に天皇即位を記念して、旧軍敷地内に記念樹が植えられた。その場所に据えた石碑と思われる。いまの公園には、もうその姿はない。

江戸の名残をとどめる燈籠。再開発前まで公園の滝の上にあった。背後の塀は旧防衛庁のものである。麻布一連隊時代から残る遺構であった。

ハーディ・バラックスの幽霊事件には、後日談がある。

米兵たちの間で怪談が盛んに取りざたされていた頃、アメリカン・クラブから進駐軍要員のメイドが派遣されてきた。二十四、五歳の日本人女性だったという。この女が、あるルテナン（米軍中尉）と深い仲になった。手に手をとって、池のほとりを散歩する姿が、よく目撃されたという。

「あいつら、いまに祟られるぞ」と大河内常平たち日本人ガードは噂したが、当人たちは周囲の目などお構いなしである。メイドは奔放な性格をあらわにし、規律を犯して米兵の寮に泊まりこむありさまだった。

その行動がハーディ・バラックス内で問題視されはじめたとき、ある夜中に銃声が響いた。「また日本兵の幽霊か！」と騒ぎになり、パトロール隊が出動すると、池のほとりにルテナンとメイドが倒れていた。裸で抱き合う二人の身体を弾丸が貫いていた。

ルテナンは直ちに聖路加病院に運ばれたが、手当ての甲斐もなく死亡した。一方のメイドは日本人の慰安婦にすぎないゆえ、毛布にくるまれただけで、その場に放置された。

ルテナンは独身のふりをしていながら、実は本国に妻がいて、近く来日することになっていた。そこでメイドが邪魔になり、別れ話でも切り出して、錯乱したメイドが無理心中を図った——おおかたそんなところだろうと推定された。

それから一ヶ月がたった頃、別の米軍施設から赤坂のハーディ・バラックスに、日本人ガードのチーフとして、ある男が赴任してきた。

彼は夜のパトロール中に、不審なものを見た。池のほとりに裸の女がいて、とぼとぼ歩いている。声をかけても返事がなく、「あれは人間ではない」とチーフは直感した。あたふたと逃げ帰って、大河内たちに事の次第を告げた。

その話によると、幽霊が出た場所は、ちょうどメイドの死体が捨てられていたあたりとわかった。しかし新任のチーフは、心中事件のことは知らない。先入観なく幽霊を見たとあって、みんな慄然《りつぜん》としたという。以後、ハーディ・バラックスの怪談といえば、メイドの幽霊が主役となった。

大河内常平自身は、メイドの幽霊を見たことはないという。ただ、パトロール中に目撃したという報告を昭和二十六年（一九五一年）までに三回受理した。

日本兵とメイドの幽霊がさまよっていた現場は、いまでいうと、先ほど述べた檜町公園の丘のあたりになる。東京ミッドタウンの公園側の入口付近ということになる。

八百屋お七の足音が聞こえる

……円乗寺境内

俗に「お七火事」と呼ばれる大火が起きたのは、天和二年（一六八二年）十二月二十八日のことである。駒込大円寺《だいえんじ》から出火して、本郷、上野、神田、日本橋、浅草と燃え広がった。深川の松尾芭蕉宅も類焼し、死者は三千五百人に上ったという。

この火災が江戸本郷の八百屋の娘お七の放火によるという説もあって「お七火事」と呼ばれたのだが、実際にはそうではなく、この火事でお七の一家も焼け出されたのである。そして避難先の円乗寺《えんじょうじ》で、お七は寺の小姓《こしょう》に恋をした。再び火事があれば恋人に会えると思いつめ、火付けを働いたのは翌年の三月だったとされる。

お七による放火はボヤに終わったという。たしかに天和三年（一六八三年）三月に大火災の記録はない。ほとんど被害はなかったのだろう。だが、それでも放火は重罪である。同年三月二十九日に、お七は市中引き回しの上、鈴ヶ森刑場で火刑に処せられた。

お七は十六歳だったといわれているが、寛文六年（一六六六年）丙午《ひのえうま》の生まれだったともいわれている。両者は矛盾する。もし寛文六年生まれなら、当時は数え歳であるから、処刑されたときの年齢は十八歳と認識されていたことになる。

どちらが正しいのかはわからないが、延宝四年（一六七六年）にお七の両親が願掛けをした折、寺に預けた額にはお七の年齢を十一歳と記している。これが確かなら、やはりお七の生年は寛文六年だったことになる。

江戸時代の刑法では、十六歳をもって成年としていた。十五歳以下なら少年扱いで、たとえ放火を働いても死罪にはならない。そこで伝えられる俗説では、ときの老中が少女の火刑を不憫《ふびん》に思い、お七を十五歳ということにして減刑する措置を役人に検討させたことになっている。しかし、寺に預けた額によって生まれた年がわかってしまい、死刑にせざるを得なくなったという。このあたりのいきさつは、いかにも日本人の胸を打つものだから、「十六歳のお七がわずか一歳違いで……」という物語が一人歩きしたのかもしれない。

さてその哀憐《あいれん》の物語があまりにも有名すぎて、私たちはお七のことをよく知った気になっている。だが、実際にお七がどういう経緯で放火犯になったのか、事件の真相は不明瞭この上ない。たとえば、事件当時の資料である『天和笑委集《てんなしょういしゅう》』にしても、なぜこんなデタラメなことを書くのだろうかと首を傾げざるを得ない内容である。ましてや時代が移ると、お七の恋人の名は複数となり、素性もいろいろな説が伝わることになる。お七が避難した寺は吉祥寺となっていたり、火事の年代が明暦になっていたりと、まったく事実無根の説が流布しすぎている。

話をおもしろくするために創作したのかもしれないが、だとすれば、その行為は失敗している。別に話がおもしろくなっているわけではないからである。むしろ明白に事実に反したことを語っているゆえに、私たちの興味を削《そ》いでいる。これは江戸時代の文人たちが、単にあることないことをおもしろ半分に書いたというのではないような気がする。わけあって事件の真相を隠すために、故意に事実を曲げたのではないだろうか。

いつの時代でも、少年犯罪者が美化されたり、神格化されたりすると、社会の秩序を乱す火種になりかねない。お七は少年ではなかったわけだが、世間では十五か十六の娘が火あぶりになったという形で噂されたのだろう。残酷なお裁きもあったものだということで、お七への同情が高まった。だとすれば、噂が流布するほどに幕政批判のムードを広げかねない。

お七の火刑は合法的に行なわれたが、世間はそう見ていなかった節がある。間違った世論でも、いったん沸き上がってしまうと、歯止めを失う恐れがある。かといって一方的に世論を弾圧するのは得策ではない。そこで誰かが知恵を働かせたのではないか。お七の実像をあえて曖昧《あいまい》にするための情報操作がなされたと推定するのである。

昼なお暗き鈴ヶ森。泣く子も黙る公開刑場跡。明治４年（1871 年）に廃止されるまでにこの場所で 10 万人におよぶ罪人が処刑された。現在の刑場跡は、国道に面した小さなエリアだけが残されている。一見のどかな緑地帯だが、ひとたび敷地に足を踏み入れると、湿った土から立ちのぼる妖気に戦慄する。

刑場跡に残る火炎台。中央の穴に鉄柱を立てて罪人を縛りつけ、足元から火をつけた。ただし、お七の時代のものではないらしい。

お七の事件を真っ先にテキスト化したのは、井原西鶴の『好色五人女』であった。貞享三年（一六八六年）の刊行である。お七への同情の高まりが当局にとって懸念の種だったとすれば、事件から三年後に本が出るというのは早すぎる感がある。現に芝居になったのはもっとずっと後である。言い替えれば、西鶴が書いた内容なら、当局の判断としても、世に出てもかまわなかったのである。

『好色五人女』巻四「恋草からけし八百屋物語」で描かれたのは、駒込・吉祥寺を舞台としたお七と吉三郎《きちさぶろう》の悲恋物語である。大坂にいた西鶴は、事件を直接取材したわけではないはずだが、それにしても事実関係を無視した記述を平然と行なっている。だからこそ、この本は刊行されても問題がなかったのだろう。ただし、形はノンフィクション・ノベルであるから、大衆はその内容を信じたに違いない。

西鶴は、お七の年齢を十六歳とした。哀れを誘うための脚色であるとともに、お七が成年であったこともはっきり示した。奉行所のお裁きは残酷であっても違法ではないという点をきちんと押さえた上で、わかりやすい恋愛事件としての枠組みを提供した。これでガス抜きになる。当局の意向を反映してなされた仕事だったのかもしれない。

そんなわけで、お七の事件の本当のところは、いまもよくわかっていない。私たちが知る「お七物語」は、ほとんど創作である。どのみち創作なら、お七が幽霊になって出てきたという話がもっとあってもよさそうなものだが、そちらの方にはあまり発想が行かなかったらしい。怪談を派生させないほどに恋愛物語として完結しているためだろうか。たしかに自業自得のお七にことさら化けて出る理由があるかといえば疑問も生じる。

しかし、お七の幽霊が過去にまったく現れなかったかといえば、そんなこともないのである。創作ではなくて、実際に出たという話がある。いまから六十年余り前、つまり戦後まもない頃に唐突に現れて、世間を驚かせた。場所は彼女の墓がある円乗寺。これは怪談史上に特筆される幽霊事件であった。

＊

昭和二十三年（一九四八年）八月のことである。現在の文京区白山にある円乗寺の境内に、「専進社」という印刷工場があった。そこに勤める職員たちが、夜な夜な高下駄を鳴らすような足音がするのを耳にした。

足音は毎夜十時頃から工場内をぐるりと回り、三十分ほどでやむ。人の姿は見えないが、現場はお七の墓のすぐそばである。「もしや……」と思った職員たちは、工場の入口に供養碑をこしらえ、毎朝お七の冥福を祈ることにした。

祈りがきいたものか、しだいに足音はしなくなった。だが雨の夜になると、やはり誰かがぐるぐる歩きまわる音がする。一年後の昭和二十四年五月になって、音はいよいよ激しくなった。職員たちは事の次第を近くの交番に訴えた。

警察としては、むろんお七の幽霊が出たとは考えない。むしろ、不審者が侵入している疑いがあると考えた。幽霊はともかく、泥棒なら放置するわけにはいかないので、田村という巡査が音の正体を確かめるべく、工場に一晩泊まることになった。

五月十二日の夜、田村巡査はふところに拳銃を忍ばせて、目立たないように私服で工場内に張り込んだ。夜の十時を過ぎた頃、バタン、と戸が開く音がした。カタコトと下駄の足音がする。

工場内は、真っ暗である。田村巡査は、懐中電灯のスイッチを入れた。

とたんに足音はやんだが、明らかに誰かがいる。

侵入者に気づかれないように注意しながら、田村巡査は、そろりそろりと入口付近に移動した。電灯で戸を照らす。

不審なことに、戸には鍵がかかっていた。開いた形跡はない。すると、さっきのバタンという音は何だったのか。

試しに電灯を消してみると、また足音がする。誰かがそばにいる。と思ったとたん、カタカタという音が周囲を激しく回り出した。姿は見えない。これには柔道二段の猛者《もさ》もなすすべがなく、あたふたと逃げ出した。

現在の円乗寺。周囲をすっかりビルで囲まれている。幽霊事件でにぎわった頃に比べると、土地の環境は激変した。左手にお七の墓がある。

八百屋お七墓所。円乗寺にあるお七の墓には、墓石が３つある。そのうちの２つは後世に建てられた供養塔だが、真ん中にある地味な墓石は、実際にお七の時代のものである。

警察官が幽霊に驚いて逃亡——。

このニュースは瞬く間に広がった。やはりお七の幽霊が出たのか。新聞が事態を報じ、ＮＨＫがラジオ番組で事件を取り上げることになった。幽霊の足音を録音してラジオで流す特別番組の放送を決定したのだ。

五月十五日、噂を聞いた野次馬が円乗寺に押しかけた。その数は四百人に上り、不測の事態に備えて、子供の夜間外出は禁止された。だが、親たちの心配も何のその、現場に現れたアイスキャンディー屋のおかげで、夜中になっても子供たちが寺の周辺に群がる始末である。所轄の富坂警察署も事態を放置できなくなり、十六日から現場のパトロールを重点的に行なうことになった。ちなみに、田村巡査は本庁に呼び出され、幽霊退治に失敗した責任を問われて厳重注意を受けた。

騒ぎがピークに達したのは、五月十九日である。

この日の夜、午後八時にＮＨＫの録音班が現場に到着した。それに合わせるように五百人もの野次馬が円乗寺境内に殺到した。

「幽霊なんかいるかい！　風の音だ！」

「イタチだよイタチ！　いまはイタチの繁殖する季節なんだよ！」

群集から野次が飛ぶ中、ＮＨＫ録音班は、幽霊の足音を聞いたという六人の工場職員を集めて放送用の座談会を開いた。その話の中で、足音は毎晩聞こえるわけではないことや、夜十時頃から聞こえるケースが多いことなどが明らかにされた。

そうこうするうちに警察官二人が現場に到着し、野次馬の整理にあたる。見物人が排除されて周辺が静かになったのは、午後十一時のことだった。録音班はようやく幽霊の足音を捕らえるべく、現場にマイクを仕掛けることができた。

待機すること二時間。まったく足音はしない。

今夜はお七もお休みではないか、ということで、深夜一時に録音班は撤収した。

足音の正体については、心理学者の南博《みなみひろし》が、当時の新聞で見解を述べている。南は、五月二十日に現地を視察し、「集団的な自己催眠がお化け話を作り上げた」と結論した。

それはまあそうなのだろうが、さすがに南は著名な学者だけあって、単に常識的な憶測を述べたのではない。工場の職員たちに聞き取り調査をして、「足音がする」という証言が「お七の幽霊」という解釈に落ちつくまでの経緯を確認していた。

その調査結果によると、最初は物音がしても、おおかたタヌキかイタチだろうと工場の職員も思っていたらしい。だが、そもそも現場は無縁仏の埋まる土地であり、工場の敷地から発掘されたお地蔵さんが夜泣きするという噂もあった。つまり、あらかじめ幽霊騒動の発生する条件がそろっていた。単にお七の墓所が近いというだけではなかったのである。

南博の分析で興味深いのは、警察署から派遣された田村巡査が最もひどい幻覚に襲われたという事実を重視している点である。南は『毎日新聞』のコラムでこう述べている。

「これはその筋の者だという言葉を信用して薬を飲んだ帝銀事件とも共通性がある。このお化け話も悲劇を生む恐れがあるから、火に油をそそいだ警察がこんどは大衆に納得のゆくように解決すべきではないか」

世に名高い帝銀事件が起きたのは、昭和二十三年（一九四八年）一月二十六日のことだった。東京都の消毒班の腕章をつけた男が銀行に現れ、赤痢の予防薬だといって行員たちに青酸化合物を飲ませた。行員たちが素直に毒物を飲んだのは、犯人の腕章を見て、その身分を信用したからである。

お七の幽霊騒動でいえば、田村巡査が警察官という立場において幽霊の出現を認めたことにポイントがある。これによって幽霊の噂は一気に信憑性《しんぴょう》を帯びた。その点で帝銀事件と共通するというのである。

幸いにもお七のお化け話が悲劇を生むことはなかったが、南博の杞憂は、ある意味で正《せい》鵠《こく》を射ていた。実際、幽霊事件が信憑性を獲得するための有力な条件といえば、ひとつには今日なお警察関係者による幽霊目撃談なのである。その辺にいるオバサンが幽霊を見たというだけでは聞き流されるかもしれないが、「おまわりさんも見たらしいわよ」といえば、思わず「本当かい？」と身を乗り出すのではないだろうか。迷信は信じないという人であっても、少しは聞く耳を持つというものだろう。加えてお七の幽霊騒動の場合は、もうひとつ、ＮＨＫの録音班がわざわざ張り込んだという展開があった。これも話の真実味を増すのに一役買った。

冒頭で私はこの事件について「怪談史上に特筆される」と述べたが、実はこの八百屋お七の幽霊騒動こそが、メディア・ミックスで盛り上げられた戦後最初の幽霊事件にほかならない。戦後の怪談史を見ると、昭和三十年代に怪談ブームが起きているが、そこに至るプロセスの起点にお七の幽霊事件が位置している。

時代背景を考えてみると、昭和二十四年（一九四九年）というのは、もちろん占領下の時代である。ＧＨＱによるメディア規制もまだ解かれていない。新聞やラジオの内容は、検閲されていたのである。チャンバラや仇討ち物などの映画は規制されていた。

しかし、この年に田中絹代主演の『新釈四谷怪談』が上映されており、少しずつ娯楽の充実が図られはじめた年でもあった。ＧＨＱも怪談物までは規制せず、映画製作サイドはそこに付け込んで「四谷怪談」を素材にした。チャンバラがなくても刺激的なシーンを作れる時代劇といえば、まさに怪談が打ってつけだったのだ。

円乗寺境内の印刷工場で、最初に足音が響いたのは、昭和二十三年八月のことである。

ときを同じくして、GHQによるメディア規制は、事前検閲から事後検閲へと軟化している。ちょうどそういう時期に起きた幽霊事件だったのである。すなわち、戦後のメディア事情として、やや解放感の得られた年が昭和二十四年だった。お七の幽霊が出たという話を聞くや否や、NHKラジオが飛びついたのも、ひとつにはその解放感の表れだったのだろう。つまり、この年に幽霊事件が盛り上がったのは偶然ではなかった。それなりの条件が揃ったゆえの騒ぎだったのである。

＊

八百屋お七にまつわる怪談は、昭和二十九年（一九五四年）にもリバイバルしている。このときに事件の舞台となったのは、円乗寺ではなく、鈴ヶ森刑場跡だった。品川の京浜国道、つまり現在では第一京浜と呼ばれる国道十五号線を拡張する工事が進められたのが昭和二十九年である。鈴ヶ森刑場の跡地は、道路建設の邪魔になるため、どうしても敷地をずらす必要があった。いっそのこと整地されてしまう可能性もあった。そこで品川区の有志や文化人クラブの人々が協力し、「夢にお七の幽霊が現れた」という話を広めるなどして刑場跡を保存する運動を盛り上げたのである。そのおかげで鈴ヶ森刑場跡は、一部ではあるが残された。現在も東京都の史跡として保存されている。

ところで、京浜国道の工事が行なわれた際に、鈴ヶ森刑場跡の地面を掘り返したところ、

鈴ヶ森刑場受刑者之墓。江戸期には処刑された罪人の供養は認められていなかったが、当時から刑場近くにお堂があり、ひそかに霊が弔われていた。そのお堂を前身とする大経寺が、現在は霊供養を行なっている。

鈴ヶ森の「首洗の井」。斬首した首を洗ったといわれる井戸跡がある。刑場跡のエリア内でも､ひときわ妖気を放つスポットである。

一群の人骨が出てきたのである。実は、この敷地は大正時代にも道路工事が行なわれ、その際に大量の人骨が出たことがある。まだ罪人の骨が埋まっていたのだ。

そこで昭和二十九年の調査の折には、八百屋お七の遺骨が出てくるのではないかといわれて大きな話題になった。そして、たしかに人骨は出てきたのだが、当然ながら、それがお七かどうかはわからなかった。仮に女性のものとわかったとしても、お七とは限らない。やはりこの地で処刑された白木屋お駒こと、江戸の材木商白子屋の娘お熊という女もいる。それにしても、お七の墓は円乗寺にあるのに、なぜ鈴ヶ森刑場跡から遺骨が出てくるのか。出てくるはずがないではないかと疑問に思われるかもしれないが、実は円乗寺の墓にお七の遺骨がそっくり埋葬されたとは限らないのである。

江戸時代には、原則として処刑された罪人の墓は建ててはいけないことになっていた。死体はそのまま放置されるか、山積みにされて自然の首塚になることも多かった。

当時の鈴ヶ森は、鬱蒼《うっそう》とした林に囲まれ、絶えず新しい生首の四つや五つ、平然と転がっているような場所だった。罪人の死体は野犬のエサとなる。人肉ばかり食らう野犬は、身体の毛が一本もなくなり、真っ赤な地肌をあらわにしていたものだという。

お七も火あぶりにされた後、原則的には手厚く葬られることはあり得なかった。だから死体が雨露にさらされるうちに、骨は散逸し、地下に埋まってしまった可能性もゼロでは

鈴ヶ森の墓石群。誰のものとも知れぬ墓石がある。「元禄」の文字が刻まれている。数々の遺跡がお七の時代の記憶を今日に伝えている。

鈴ヶ森の地蔵群。苔むした地蔵が立ちならぶ。現在の刑場跡は狭いエリアだが、この一角を眺めていると江戸期の残像がよみがえる。

ないのである。

ならば円乗寺の墓とは何か。あの寺にあるお七墓所には墓石が三つあるが、そのうちの二つは後世に建てられた供養塔であって、お七の墓ではない。だが、真ん中にある最も地味な墓石は、実際にお七の時代のものである。これは円乗寺の住職が、お七の処刑を見届けた後、鈴ヶ森に死体が放置されているのを哀れに思い、役人に袖の下を渡して亡骸《なきがら》を預かったといわれている。ひそかに埋葬し、回向《えこう》したというのである。

そういう例もあったのは確かで、罪人の墓を建ててはいけないというのは、あくまで表のルールである。江戸時代には建前と本音の使い分けが現代よりもうまく機能していた。世間の同情を集めたお七の墓が作られて、役人も情けから見て見ぬふりをしたとしても不思議はない。住職が遺骨をもらいうけたという話は、おそらく事実だろう。

ただ、お七ほどの有名人になると、各地に複数の墓がある。どこにお七が眠っているのか、はっきりしない点があるのも確かである。

千葉県八千代市にもお七の墓がある。これは千葉に住んでいたお七の実母が、ひそかに遺骨を分けてもらって葬ったと伝えられる。その他にも各地に遺跡があり、お七の関係者が遺骨の一部や遺品を埋葬したという言い伝えがある。お七を哀れに思う人が、人目に触れないように分骨したというのは、あり得る話である。

油面坂下の怪談

市場坂橋

埼玉県南部を流れる黒目川《くろめがわ》の流域に、市場坂《いちばざか》という場所がある。川のほとりに広がる妙音沢《みょうおんざわ》は、その昔、天から舞い降りた弁財天が、村人に琵琶《びわ》の秘曲を授けた地といわれている。だが、美しい天女の伝説とは異なる怪談もまたこの地には伝わる。

「最近も川の上流で自殺があったのよ」

地元の主婦がいう。

「昔からよくあるんだけど、いまはもう橋もきれいになったから……最近は幽霊の話はあんまり聞かないけど」

市場坂橋は、いまではモダンなデザインに改修されて、優雅な景観を見せている。そのやや下にかかる旧橋が、かつては幽霊橋だった。

橋のたもとに、意味ありげな地蔵がある。投身自殺した女の霊を祀《まつ》ったという。

「アタシの一つ上の学年の子が、あそこから身投げしたのよ。それで幽霊が出る出るって、そりゃもうスゴイ騒ぎだったわ」

身投げをしたのは、地元の中学校に通う二年生の女子だった。それまでにも川に投身する人はめずらしくなかったが、十三歳の少女が何かを思いつめて死を選んだとあって、ひときわ哀れを誘ったという。

彼女にいったい何があったのか。様々な憶測が乱れ飛び、男関係をめぐるいざこざがあったという噂も流れた。真実は藪《やぶ》の中だが、いずれにしても、あんな死に方をして浮かばれるはずもないということで、橋に幽霊が出るという噂が広まった。

「アタシは見てないけどね、見たっていう人がいたもんだから……話が広まるうちに何人もそういう人が出てきてさ……」

幽霊に遭遇したという人が増えるにつれて、事態は重く受け止められた。やがて地元を揺るがす大騒動に発展した。いまから五十年あまり前のことである。

＊

旧市場坂橋で最初に幽霊が目撃されたのは、昭和三十三年（一九五八年）二月二十四日の深夜だった。なぜ日にちまでわかっているかというと、当初は幽霊の出る日が決まっていたので、長く記憶されたのである。

地元の男性二人がオート三輪に乗り、橋の上にさしかかったとき、車の前に白い人影が立った。クラクションを鳴らしたが、よける気配はない。助手席の男性が外に降りると、人影は消えていた。不審に思って、車の後方に目をやる。地面から少し浮いて立つ人の姿が揺れていた。驚いた男性はあわてて車に乗り込み、急発進して逃げたという。

この噂はすぐに広まった。白い人影は女性だったという。老婆だったという説が有力で、後には少女だったという話にもなるのだが、どちらにしても地元の住民にとっては脅威であった。橋の上に幽霊が出る。誰もが思い当たる節があったのだ。

かねてから自殺の多かった橋である。ついに出たかということで、住民は夜になると雨戸を閉め切り、外出しないようになった。

ざっとそんな出来事があったのだが、これだけなら怪談が大騒動に発展することもなかっただろう。住民には思いもよらぬことであったが、市場坂橋に幽霊が出るという噂は、なぜか急速かつ広範囲に流布した。怪談は人の口の端《は》に上るたびに尾ひれをつける。住民の知らない間に、市場坂に幽霊が出るという話は、近隣の地域でも有名になった。

かくしてローカルな怪談は、歴史に残る幽霊事件に発展した。最初の幽霊目撃から数日後、噂を聞いた人々が見物にやってきた。夜な夜な車で橋を行ったり来たりする野次馬で付近はにぎわったが、そうそう都合よく幽霊が出ることもなく、現場は自然にもとの静けさを取り戻した。

ところが、第二の目撃者が現れて、事態は急変した。

先の事件から半月ほどがたった三月十三日の夜、朝霞《あさか》に住む二十歳の若者が、友達と二人でこの地を訪れた。わざわざ自転車で出かけてきて、橋の付近に到着したのが午後九時頃だったという。幽霊が出るのはもう少し遅い時間らしいと聞いて、とりあえず現場近くに住む親戚の家に寄った。

午前零時を回った頃、二人はまた自転車で現場に向かった。左右を注意深く見ながら橋を渡ると、それらしき雰囲気はあるものの、幽霊は出ない。やはりデマかと思ったとき、橋の右手にある草むらに白いものが見えた。

初めは何かの見間違いかと思ったという。

白髪の老婆がぽつんといる。

茂みから上半身を覗《のぞ》かせて、顔が笑っていた。

若者たちはパニックになり、現場から百メートルほどのところにある駐在所に駆け込んだ。事情を聞いた青木巡査は、念のために二人を連れて現場に出向いた。もしかしたら本当に老婆がいたのかもしれない。自殺志願者の可能性もある。

若者の説明を聞きながら、青木巡査は橋の付近まで来て、草むらの状況を検分した。もし幽霊の正体が人間の老婆なら、まだ近くにいるはずである。しかし、捜してもどこにも

現在の市場坂橋。車で混雑している新道の右手に、もうひとつ道が通っているのが確認できる。それがかつての“幽霊橋”であり、現在は歩行者専用道路になっている。

現在の“幽霊橋”。下を黒目川が流れている。この橋の上や手前の草場に、かつて老婆や少女の幽霊が出た。橋の下は気温が低く、陰鬱なムードをたたえている。

いないので、幽霊か見間違いかということになる。若者たちは幽霊だと確信したが、青木巡査は後にこう述懐している。

「若者が真っ青になって飛び込んできたのは事実です。しかし、幽霊なんか出るわけないし、何かの錯覚ですよ」

青木巡査は、現場をくまなく観察した上で、錯覚と判断した。というのは、橋の周辺を見ているうちに、川面に怪しい雰囲気の水蒸気が立つことがわかったからである。

水面に立ち込めるモヤモヤしたものを、しばらく眺めていると、ときおり何かが光る現象も観察された。近隣の家で電気がつくと、その光が水蒸気に反射する。

「夜中に寝小便に起きたときの明かりだと思うんですよ。怖い怖いと思っているから、その光が錯覚を呼んで、得体の知れないものを見せたのではないですか」

誰かが意図的に光のイタズラをしている可能性もあると巡査はにらんでいたようだが、そうした冷静な判断もむなしく、いつしか噂は一人歩きを始めた。「目撃者の若者がノイローゼになった。やっぱり幽霊は間違いなく出た」という話になった。おまけに警察が出動したという大げさな噂にも発展したが、実は若者がノイローゼになったのは事実であった。それを受けて、またしても野次馬が大挙して押し寄せるようになったのである。

地元の人は、この事態に閉口した。夜中にいちいち起こされて現場への道を聞かれることもあったからである。だが、それでも幽霊話そのものについては、馬鹿げたことだと一笑に付すこともできなかった。幽霊騒ぎが起きる三ヶ月前に、実際に現場で老婆が死んでいたからである。その因縁というのは概略こんな風だった。

昭和三十二年（一九五七年）十一月十四日、地元に住む六十四歳の女性が、病気を苦にして橋から身を投げた。かねてから長男の嫁に邪魔者扱いされて、恨みを募らせていたという。当て付けに四度も自殺未遂をくりかえしたあげくに、とうとう本当に死んだのである。

この老婆の投身自殺から十日後、今度は地元の中学校に通う少女が、同じ場所で入水《じゅすい》した。老婆には悪いが、こちらの事件だけが、いまも語り継がれている。冒頭で触れた少女の事件である。自殺の原因が様々に憶測されたことはすでに述べたが、どうも学校で友達と喧嘩《けんか》していた事実はあったらしい。交友関係に悩んでいたという証言もある。多感な時期ゆえに、その程度の悩みでも自殺の動機になったと見られる。

一方、この少女は身重であったという説もある。男に捨てられたのを苦に自殺したというのである。これは本当かどうかわからない。ある程度は有力視された説らしいが、幽霊騒動のあとになって無責任に噂されたことだから、おいそれと信用はできない。しかし、興味本位の噂が真相として語られるのは、世の常、人の常である。少女の死にまつわるダークな噂は、鬼嫁にいびられて苦悶《くもん》のうちに死んだ老婆以上にスキャンダラスな色合いを帯びた。そして、幽霊の出る日が決まっていたことも、この事件では重視された。

老婆の自殺が十一月十四日、少女の自殺は十一月二十四日。これに加えて、最初に幽霊が目撃されたのが翌年の二月二十四日であった。そして、その次に幽霊が出たのは三月十四日であった。こうした符合から〝四〟の日がクローズアップされたのである。

＊

「騒ぎになったのは、お婆さんの話じゃなくて、女の子の幽霊が出るからだったと思うけど……」

地元の人は、もっぱら少女の話を記憶している。この地での幽霊事件といえば、中学二年生の女子が非業の最期を遂げたことに始まるというのが今日では定説である。

再び地元の主婦の証言。

「〝四〟のつく日がどうこうっていう話があったかもしれないけれど、よく覚えてないわ。日にちに関係なく、女の子の幽霊を見たっていう話は、ちょくちょくあったんじゃないかしら。だけど、ウチらはその子の近所だから、いろんなことよく知ってるしね。表立っては言わなかったのよ」

〝四〟のつく日に幽霊が出たというのは、あくまで事件が明るみに出たケースだけなのかもしれない。幽霊騒動が勃発《ぼっぱつ》する以前から、地元の人は少女の幽霊を見ていた可能性がある。だが、不幸な少女を救えなかったことへのうしろめたい思いもあって、おおっぴらな話題にはしなかったということか。

そこへ図らずも、老婆の幽霊の目撃談が現れた。しかも、これは警察沙汰になった。何かがふっきれたように、一気に騒ぎは拡大した。どうもそういうことらしい。

さて二度目に幽霊が目撃された後、どこから噂を聞きつけたものか、〝四〟の日に幽霊が出るという話の真偽を確かめようとする人たちが広範囲の地域から訪れた。わざわざ東京からタクシーでやってくる者もいて、のどかな地方の小さな橋は、瞬く間に人だかりの絶えない名所となった。

近県から遠足のような調子で子供たちが出かけてくる。カメラマンや心霊研究家も撮影の機材を持ってやってくる。今度幽霊が出るのは三月二十四日のはずだということになっていたから、その日が騒ぎのピークになると地元の人は予測していた。日が暮れるとあわただしく家の中に引っ込んだという。

問題の日は、案の定、夜の七時頃から渋滞が始まった。大勢の人が橋の上に待機していた。やがて花見気分の会社員も来る。お約束の暴走族も来る。新聞記者があちこちで取材する。朝霞キャンプからは黒人米兵やパン助がバイクで駆けつける始末であった。

このときの状況は報道もされたので、野次馬たちがどういう会話を交わしていたかということもある程度再現できる。

「せっかく来たんだ。見らざあ帰られめぇ」

「酒でも持ってきて気長に待つか」

「十一時だ。そろそろ出るぞ」

「科学的な根拠がないだろう」

「遊ばない？」

「ノーノー！　オカネナイヨ！」

当時の市場坂橋は、現在と違って、車がようやく通れるぐらいの狭い橋だった。そこに百人ぐらいの野次馬が、入れ替わり立ち替わり現れた。

誰かがキャッと叫ぶと、とたんに人垣が移動する。

草むらに何かの影があると悲鳴が上がる。

むっくりと起きた人影が、酔っぱらいの親父だとわかった瞬間、ドッと笑いが起きる。

そんな調子で朝まで騒ぎは続いたが、結局幽霊は出なかった。

＊

地元の人によると、この後も幽霊を見たという話をネタにして騒動は起きていたという。

幽霊橋のたもとに佇む地蔵。リアルな表情が印象的だ。この付近の「馬場」という地名にあやかって「馬場地蔵」という。古くからこの場所にあったが、現在の地蔵は昭和 45 年 8 月に再建された。腹のあたりの白い部分は、幽霊の顔が浮き出たので消した箇所ともいわれているが、胴の周囲全体に補修の跡があり、実際には再建時の痕跡である。

現在の油面坂。今日では住宅街の中にある。何の変哲もない坂道である。近くの高校への通学路になっている。

しかし、僧侶を呼んで慰霊祭を行なったことで、しだいに終息したらしい。

今日では、自殺した女の幽霊が出るという話だけが、なんとなく伝わっている。橋のたもとの地蔵がいわくありげということもあって、いくつかの新しい噂が流布している。

たとえば、地蔵の腹に修復の痕跡があることから、それはかつて浮き出た幽霊の顔を消した跡だという話がある。また、夜な夜な地蔵が動き出すという話もある。現代の怪談が地蔵がらみの逸話にシフトしているのは、もはやそれしか事件の遺物がないからである。妙にリアルな表情の地蔵が、かろうじて幽霊事件の残り香を伝えているのだ。

その昔は、橋のたもとに地蔵はいくつもあった。江戸時代から道しるべとして地蔵そのものは存在した。地域の境界が異界への入口であるという認識は現代まで残っている。まさにその場所で自殺が相次いだので、幽霊の噂がすみやかにリアリティを持ったのだろう。

ところで、市場坂橋の幽霊事件は、昭和三十年代当時には〝油面坂下の怪談〟とも呼ばれていた。いまでこそ市場坂橋は立派な橋だが、当時は黒目川にかかる名もない橋のひとつにすぎなかった。そこで、むしろ古くから地元にあって有名な油面坂という坂の名前に事件の印象が託されたようである。

あぶらめんとは妙な名前だが、江戸時代に村人が、地元の古刹《こさつ》である法台寺に燈明料（油代）として田畑を寄進していたのである。その田畑のあるあたりに伸びていた長い坂

油面坂下の地蔵。坂を下りると道が二手に分かれている。その分岐点にある地蔵なので、古くからこの地にある道祖神と思われる。

油面坂下にある大橋。少女が身投げしたのは、この橋からだったという。古来自殺が多く、死体は数百メートル下流の市場坂橋付近に集まるのが常だった。

きている。
を、古人は〝あぶらめんの坂〟と呼んだ。この坂はいまでもあり、油面坂という名称も生きている。

しかし、油面坂と市場坂橋は、地理的には離れている。今日の感覚からすると、市場坂橋の幽霊事件を〝油面坂下の怪談〟と呼ぶのは不自然である。たしかに現在の油面坂を下ってしばらく歩くと、黒目川に出ることは出る。だが、そこには大橋という別の橋がかかっている。地元の人に聞いてみても、いまとなっては〝油面坂下の怪談〟といわれてもピンと来ないという。怪談といえば市場坂橋だというのである。

古くからの住人はこう語る。

「油面坂の〝坂下〟というのは、昔は湿地帯だったから、陰気な場所ではあった。水が出るとあふれて、溺《おぼ》れた人はみんな黒目川に流されたもんだ」

いまではその地域には、道路や住宅地、学校などがある。往時の面影は失《う》せている。しかし、かつての油面坂下には、それなりに怪談が発生する素地があったという。

別の老婦人からは、こんな話も聞けた。

「幽霊は市場坂橋の話だけど、女の子が身投げしたのは大橋の方だったと思うわよ。そこから流されて、死体が上がったのが市場坂橋のあたりなのよ」

この証言は重要だった。

大橋下の黒目川。周辺はのどかな環境だが、橋の下に行ってみると、やはり旧市場坂橋の下と同じような陰鬱なムードがある。少女がここに飛び込んだとき、動機をめぐって様々な憶測がささやかれたが、正確なことはいまも不明である。

「川の上流に身を投げると、昔は市場坂橋のところまで流されてきて、あそこで何かに引っかかって止まるのよ。死体はみんなあそこに集まるの」

だから市場坂橋が幽霊事件の舞台となった。

もともとは大橋が自殺の名所で、怪談の発生しやすい場所だったのだ。

とすれば、かつてはこの付近の幽霊話を〝油面坂下の怪談〟と総称する習慣があったのだろう。現在の地理でいっても、大橋のあたりは、油面坂の〝坂下〟のエリアに属する。川までの見通しを妨げるものがなかった時代なら尚更である。そんなところから市場坂橋の幽霊事件も、当初は〝油面坂下の怪談〟というカテゴリーの中にあった。それがやがて独立した怪談として語られるようになったものと推定される。

お初殺し

浅草界隈

バラバラ殺人という言葉は、昭和七年（一九三二年）に東京下町の「玉の井」で起きた殺人死体損壊事件を当時の東京朝日新聞が「玉の井バラバラ殺人事件」と呼んで以来定着したといわれている。もちろんそれ以前から死体損壊事件は起きていたが、「首なし事件」とか「首なし死体事件」などと呼ぶのが通例だったようである。

玉の井バラバラ殺人事件のちょうど十年前に、十歳の少女がバラバラ死体で発見される事件が起きている。大正十一年（一九二二年）七月のことである。少女は義理の母親に激しく暴行されたことが原因で絶命した。両親は犯行を隠すために少女の首と足を切断し、死体を川に捨てた。はじめに胴体が発見されたことから「首なし死体事件」と呼ばれ、のちに少女の名をとって「お初殺し」という呼称が定着した。

大正末期には陰惨な殺人事件が多かった。五人殺し、七人殺傷といった大量殺人も起きていた。少年犯罪や女性による犯罪も増え、幼児を虐待する親もあちこちにいて世間を悩ませていた。その一方で何かというと「人権」を叫んで個人の権利を主張する風潮も蔓延《まんえん》していた――というとまるで現代の話のようでもあるが、実際、大正末期というのはそういう時代だった。当時のマスコミは、殺人・事故・心中・自殺といったトピックを日々煽《せん》情的《じょうてき》に伝えていたが、その中でもお初殺しの扱いは別格だった。

少女がらみの事件は報道が大げさになる。その傾向は今日と同じである。しかも死体がバラバラにされ、犯人が義理の両親だったため、世間はいやでもこの話題でもちきりになった。哀れなお初の境遇に世の人々は涙を流し、加害者の両親を「鬼夫婦」と呼んで非難した。しかし同じ年に「第二のお初殺し」と呼ばれた幼児虐待殺人が起きるに及んで、かかる事態の横行に世論もしだいに麻痺《まひ》していく。事件は一時の見世物として消費される。おまけに翌年に起きた関東大震災によって、いかなるむごい事件もすっかりインパクトをなくしてしまった。

ところが、他の事件は忘れ去られても、お初殺しの逸話は折に触れて思い出された。戦後の高度成長期に至っても、戦前の有名な事件として語り継がれていた。その理由は、この事件が怪談として記憶されたためである。お初殺しの顛末《てんまつ》は「怪談お初地蔵」として語られた。事件のことを知らなくても、事件にまつわる怪談を知っている人は多かった。それゆえにお初の悲哀はいつまでも話題になり、忘却を免れたのである。

お初の死体が発見された月島橋下。隅田川の水門から朝潮運河へ抜ける月島川は、かつて鉄管堀と呼ばれ、鰻の養殖でも知られた。お初の死体を入れたトランクはこの川を流れ、現在の月島橋下あたりに漂っていた。

在りし日のお初。写真は数種類がいまに残る。愛らしい顔立ちだが表情は硬い。

さすがにいまでは知る人も少なくなっただろう。この話を脚色した芝居を見たり、年寄りから聞いた体験を持つのは、昭和三十年代生まれあたりが最後のジェネレーションかもしれない。事件は様々な尾ひれをつけて語られたために「怪談お初地蔵」のヴァリエーションは多く生まれたが、最大公約数的な要素を抜き出すと次のような話である。

身寄りのない十歳のお初は、東京・浅草の長屋に住む職人夫婦の養女になっていた。日頃から手癖が悪いというので、夫婦はいつもお初を折檻《せっかん》していた。近所に泣き声が響かない日はなく、長屋の住人は気が気でなかったが、いつしか泣き声がしなくなり、お初の姿も見かけなくなった。不審に思った人がそれとなく夫婦に尋ねると「またいつもの家出だろう、そのうち帰ってくる」という。しかし、どうも様子がおかしい。ひょっとして夫婦がお初を殺したのではないかという噂が広まり、やがてその風聞は警察の耳に入った。ある日、刑事が夫婦の家に行って事情を聞いたが、やはり娘の行方は知らないという。捜索願を出すつもりだともいう。だがそのときに刑事の一人が不思議なものを見た。夫婦のうしろにぼんやりとしたものが揺れている。着物姿の少女である。ゆっくりと移動し、障子の陰に消えた。念のためにその場所を確認したが、誰もいなかった。刑事は両親がお初を殺したと確信した。いま現れたのはお初の亡霊に違いない。浮かばれずにこの世を彷徨《さまよ》い、両親の罪を告発している——そう判断した刑事はその場で夫婦を逮捕した。のちに床下からお初のバラバラ死体が見つかり、近所の人は冥福を祈るために地蔵を建立した。これが「お初地蔵」と呼ばれ、手を合わせに来る参詣《さんけい》客が絶えなかった。

以上が「怪談お初地蔵」として伝わる幽霊事件の顛末である。典型的なテキストは田中貢太郎の『新怪談集（実話篇）』（改造社・昭和十三年刊）に出ている。それによると、お初の亡霊は明確に目撃されたわけではなく、夫婦の背後にぼうっとした影が映っただけということになっている。刑事が亡霊を見たのをきっかけに夫婦を逮捕したという点は同じである。この話は教訓的な怪談として流布し、亡霊による実録仇討ち物語として広く支持されたが、考えてみると話の内容にはひっかかる点もある。たとえば、幽霊を見たのが犯人夫婦ではなく刑事だったことである。しかも、いくら戦前の警察とはいえ、幽霊を見たから即逮捕というのも疑問が残る。

＊

お初殺しの事実関係を調べてみると、事件が発覚したのは大正十一年（一九二二年）七月五日午前十時半ごろである。東京・京橋区（現・中央区）月島の鉄管堀《てつかんぼり》（現・月島川）に不審なトランクが流れついた。発見者が開けてみると、子供の手が見えた。驚いて警察に知らせ、月島署の警官がトランクの中身を調べたところ、女児の胴体が出てきた。推定年齢は七、八歳。腕はあったが、首と足がなかった。警視庁が死体遺棄事件として捜査に乗り出し、同日午後二時に、浅草新福富町に住むセルロイド職人の松村関蔵《せきぞう》と、内縁の妻まきの二人が逮捕された。事件発覚から三時間ほどでのスピード解決だったが、なぜそのようにすばやい容疑者の特定が可能だったのか。

実は関蔵とまきの夫婦は、すでに警察にマークされていたのである。お初が虐待されていることは近所で有名だった。警察もそれを知っていた。日頃から家出がちだったお初は、七月一日の夕方に塩を買いに行かされたまま帰宅せず、深夜二時ごろに路上をうろついていたところを警察に保護された。お初は塩を買わずにお菓子を買って食べてしまい、それを知られれば義母にひどく叱られるのが自明だったので帰るに帰れなかったのだ。警官はお初を家まで送ったが、案の定、すぐにまきが虐待を始めた。「ごめんなさい！　許してちょうだい！」という声を近所の住人が聞いている。そして悲鳴はぱったりやんだ。

翌日の午後、隣家の娘が関蔵夫婦の家に行くと、お初は紅色の腰巻ひとつの半裸姿で天井から吊るされていた。さんざん打ちのめされたらしく、意識がないようで、足がだらんと垂れていた。その後、心配になった長屋の者がひそかに覗くと、ぐったりしたお初の顔にまきが水をかけていた。慌てた様子だった。この目撃証言を最後にお初は姿を消す。深夜に響いた悲鳴が、近所の人が耳にしたお初の最後の声だった。

翌三日、まきが近所を回って「お初が家出したよ」と吹聴《ふいちょう》した。「捜索届を出したんだ

お初が住んでいた浅草新福富町付近。現在の台東区寿町にあたる。写真の春日通りを挟んで右手のエリアを進んだあたりに長屋があった。

台東区蔵前の榧寺にあるお初地蔵。参詣客でにぎわったという戦前の雰囲気こそ見られないが、きれいに整えられ、ときおり子どもたちが立ち寄って手を合わせている。

よ」というが、その態度を住民たちは不審に思った。夜十時ごろ、トランクを持った関蔵と風呂敷包みを抱えたまきが、どこかに出かけるのを目撃した人がいる。二時間ほどたつと夫婦は手ぶらで戻ってきた。あまりにも怪しいので住民たちは警察に事情を告げ、四日になって夫婦は当局に召喚された。そのときの尋問にまきはこう答えている。

「初は家出が癖ですから家出したのですが、すぐ帰るでしょうが捜してみましょう」

警察はこの時点で、夫婦がお初を殺した疑いを持っていた。日頃から虐待していたという住民の証言もあるので家宅捜索に踏み切った。だが殺人の証拠は見つからず、ひとまず夫婦は帰宅を許された。まきは近所中を回って身の潔白を訴えたが、評判の悪い女の言葉を信じる者はいなかった。夜に夫婦が荷物を持って出かけたのは死体を捨てに行ったに違いないという確信を持つ者もいたので、住民たちは警察の処置の甘さを非難した。あらためて目撃者たちが告発に動き、浅草地区の有力者もその行動に一肌脱いだため、警察は五日の午前中に再度夫婦を召喚した。ちょうどその頃に女児の死体発見の知らせが届き、刑事が追及の度合いを強めた結果、ついにまきはお初殺しを自白したのである。

報道された顚末を総合すると右のような経緯になるが、お初は家屋内で身体を切断されたというのに、警察は家宅捜索でその痕跡を発見できなかった。今日ほど厳密な捜索はやっておらず、死体が出なかった時点でいったん諦めたようである。夫婦をあっさり放免しているところなどは人権にも配慮していたようでもあるが、住民にはよほどの確信があったとみえて、その圧力が警察に再捜査を促したという点が興味深い。

ところで、刑事が幽霊を見たのは、どの時点での出来事だったのか。武久勇三の『心霊の神秘』（善隣出版社・昭和二十三年刊）によると、どうやらそれは四日の家宅捜索のときだったらしい。この本は世にはびこる怪談を心霊学的なスタンスから考察したもので、必ずしも妥当な見解ばかりを述べた本ではないのだが、お初殺しに関しては「出来るだけ正確を期そうとこころざし、関係者を訪問して歩きました」と述べている。実際に刑事に取材したようである。その結果、怪奇現象が起きたのは事実だったとわかったらしい。家宅捜索中に、ある刑事が不思議な物音を聞いた。ザラ、ザラ、と茶の間の障子に何かが当たっている。婦人の長い洗い髪が触れるような音だった。不審に思って障子を開けたが誰もいない。そこには隣家の塀があり、人が通れるようなスペースはなかった。

障子に髪が触れたような音というのは、風などが原因で障子が揺れたというような曖昧《あいまい》な音ではなかったという。そう刑事は証言したというのである。幽霊の姿を見たわけではないという点は、尾ひれがつく前の怪談の原形としてはリアルである。ゆえに貴重な記録だが、惜しいことにこの本の記述は、縁の下から凶器が見つかったとか、押入れにあった行李《こうり》からお初の首が見つかったなどという事実誤認をしている。実際には凶器は押入れから見つかり、死体はすべて川から発見されている。本当に刑事に取材したならこのような誤記をするだろうかという疑問が残る。あるいは刑事が本当のことを話さなかった可能性もある。換言すれば、お初殺しの怪談は刑事による創作という線も考えられる。加害者の良心に訴えるための怪談話を刑事が捜査に利用するのはよくあることだ。

お初殺しの怪談は、田中貢太郎のテキストをはじめとして、すべて死体が家の中（押入れや床下）から見つかったことになっている。死体が川から見つかったという事実は早い段階で忘れられたことになる。これはそのように事実が改変され物語化するきっかけが何かしらあったものと思われる。凶器の肉切り包丁が押入れから見つかったことから死体もそのときに発見されたという誤解が勝手に広まって一人歩きしたケースも考えられるが、映画や芝居の影響ということもあり得る。お初の怪談は大正十五年（一九二六年）に松竹が映画化している。野村芳亭《ほうてい》監督（野村芳太郎の父）・五所平之助脚本による『新お初地蔵』である。なぜタイトルに「新」がついているのかというと、お初殺しがあった年に、すでに最初の映画化が試みられていたからである。事件からひと月後の八月に、早くも松竹と日活が映画『お初地蔵』を製作していた。しかし日活バージョンは事実に忠実すぎた映像が当局の許可を得られずに公開を断念している。一方の松竹バージョンは事実を改変したせいで客足が伸びなかった。なお、お初の怪談が民話と融合して地方にも伝わるのは、

お初の家があった付近。春日通りから路地に入ったあたりで、現在は住宅街である。もともと江戸時代以来の長屋だったが、関東大震災と東京大空襲で古来の風景は消滅した。

旅芸人がこの事件の芝居を各地で公演したためと思われる。

＊

事件のその後も見ておこう。関蔵・まき夫婦がお初殺しを自供し、陰惨な事件の全貌が明らかになると、世間の人々は怒りを爆発させた。連行される夫婦をひと目見ようと集まった群集が「てめえら鬼だ！」と罵声《ばせい》を浴びせた。「鬼夫婦」という言葉が流行した。

自供によると、一日深夜にお初が警察に保護されて家に戻されたとき、激怒したまきはお初を裸にして吊るし上げ、板で叩いたり足で蹴ったりしていた。やがてお初が「小水をしたい」といったが、「また嘘をつくのか！」と怒鳴ってまきはお初の腹を蹴った。すると意識を失ったので、横にさせて水をかけたが、息を吹き返すことはなかった。慌てたまきは関蔵と相談し、かくなる上は隠蔽《いんぺい》するしかなかろうと決めた。肉切り包丁でお初の両足を切断し、首は切りにくかったのでノコギリを使った。胴体をトランクに詰め、首と両足は風呂敷に包んで、相生橋《あいおいばし》から隅田川に投げ捨てたという。

死体が海まで流れて見つからなければ完全犯罪が成立したかもしれない。ところがトランクは支流の水門に入って、現在の月島橋下あたりに流れついた。首を包んだ風呂敷は捜索しても見つからなかったが、七月九日に厩橋《うまや》のゴミ置き場に漂着しているのが発見された。そこはなぜか捨てた場所よりも上流だった。しかも夫婦の家に近い位置で、おまけに発見の日が初七日だった。大潮の影響だろうかと警察は首を傾げたというが、この奇怪な事実も怪談の形成に大きな影響を及ぼした。庶民は口々に言ったという
「お初ちゃんの敵討ちだ。死んでから鬼夫婦に復讐《ふくしゅう》したんだよ」
事件後の庶民の関心事は三つあった。お初の本当の親はどうしているのか。果たして鬼夫婦は死刑になるのか。お初の霊を慰めるための供養をしなければいけない。この三つである。お初の実の親は、事件発覚の二日後に判明した。東京を転々としながら暮らしていた山本春吉と内縁の妻するゑという夫婦である。お初は四人兄弟の末っ子だった。春吉の酒癖が悪いためにするゑは離別し、お初は祖父卯之吉《うのきち》のもとに預けられた。しかし卯之吉はお初をもてあまし、たまたま厩橋を通りかかった女に「子供をもらってくれないか」と頼んだという。その女がまきだった。まきは家に帰って関蔵に相談したが「おまえに子供を育てる資格はない」と反対された。しかしその後に浅草公園でまた卯之吉と出会い、「もらってくれ」と頼まれて引き受けてしまったという。そのときお初は五歳だった。
お初はふっくらとして可愛い子だったが、まきが供述するには嘘ばかりつく子だったので、しだいに虐待するようになったという。関蔵もお初の根性が曲がっていたといい、小学校に上がっても直らなかったと供述しているが、お初の通っていた清華小学校の担任教師によると、そもそも夫婦はお初をろくに登校させていなかった。教師が友達に呼びにや

ることもあったが、まきがお初を外に出さなかったという。奴隷のようにこき使っては暴力三昧である。近所の人がまきの行動を咎《とが》めることもあったが、逆ギレされるのが落ちだった。そんな環境だから、お初もひねくれてしまって、近所の人とも接しなくなった。住民も呆《あき》れてしまい、触らぬ神に祟りなしという状況になってしまったという。

事件から四ヶ月後の十一月二十日に鬼夫婦の初公判が開かれた。法廷には大勢の傍聴人がつめかけた。世間では殺人罪で死刑を望む声も多かったようだが、実際にはまきの罪名は傷害致死ならびに死体遺棄であり、関蔵の罪名は死体損壊遺棄だった。お初の死因はまきに腹を蹴られたときの脾臓《ひぞう》破裂で、殺人罪が適用されなかった理由は明らかにされなかったが、折檻の最中で殺意はなかったという点が汲み取られたらしい。

裁判では大正六年（一九一七年）にもまきが養女虐待の件で警察に始末書を書かされていたことが明らかにされた。お初は五年も虐待されつづけていたことになる。まきは法廷で泣き崩れるなど反省の色を見せていたが、翌年一月に傷害致死罪としては最も重い懲役十五年の判決が下った。関蔵は懲役十年だった。傍聴人はあまりにも軽い刑と感じて肩を落としたという。夫婦の控訴は棄却され、事件から一年後に刑は確定した。武久勇三によると、服役後に夫婦は露天商として更生したという風説が戦後に聞かれたという。

長屋の住民は金を出し合ってお初の供養をし、地蔵を建立することになった。その話を聞いたお初の同級生がなけなしの小遣いを持ち寄った。別の学校の子供たちや四谷の芸妓衆も寄付金を置きに来た。他にも貧しい人たちが身銭を切って立派な地蔵が完成した。お初地蔵はいまも台東区の榧《かや》寺にある。建立当時は土台を入れて六尺余りもあり、「俗名松村はつ子」などと刻まれていたが、いま安置されているのは震災後に再建された小さな地蔵である。法名は覚夢童女。平成十三年（二〇〇一年）に八十回忌を迎えている。

魔が呼ぶダム

多摩川調布堰

東京と神奈川の境を流れる多摩川の河川敷で、ある男性が、いつものように釣り糸を垂れていた。ふと見ると、川底に白いものがあり、ゆらゆら揺れている。見ようによっては人の形に見えた。念のために近くの交番に行って、死体かもしれないと届け出た。

警察で調べたところ、川底に沈んでいたのは、白骨化した死体の全身だった。鑑定の結果、性別は女性で、身長は百六十センチほど、年齢は三十歳から五十歳ぐらいと推定された。死因はわからず、自殺なのか事故なのか、はたまた他殺なのかは不明だった。死んだ場所が死体の発見現場なのか、どこかで殺されて運ばれたのか、上流から流れてきたものなのかもわからなかった。平成十七年（二〇〇五年）十月二十六日の出来事である。

白骨死体が見つかった場所は、東京都水道局が管理する調布取水所防潮堰《せき》のあたりである。この施設は通称を調布堰といい、かつては多摩川ダムという呼び名が一般的だった。アザラシのタマちゃんが迷い込んだ付近といった方がピンと来るだろうか。

そういえば、タマちゃんのニュースで調布堰付近の映像が全国に配信されたのは、平成十四年のことだった。のどかな話題として記憶されるが、あらためて思うに、タマちゃんは呪われた血のにおいに引き寄せられて調布堰にたどりついたのかもしれない。多摩川のあのあたりは、昔から怪奇エリアである。近くの丸子橋も、かつてはタクシー幽霊の名所であった。

都内から女がタクシーに乗り、「川崎まで」とかぼそい声でいう。夜中の国道二四六号線を車は高速でひた走る。女は終始うつむいている。表情は長い髪に隠されて窺《うかが》うことができない。まさか……と思いつつ、運転手が丸子橋付近でバックミラーを見ると、案の定、女はいないのである。

丸子橋を舞台にしたこの古典的な怪談は、私が学生の頃にも、まだかろうじて生きていた。丸子橋に佇《たたず》む女の幽霊を見たという話は、比較的日常的に語られていた。当時はなぜ丸子橋に幽霊が出るのかよくわからなかったが、おおかた多摩川の水死人が浮かばれていないのだろうと思い、それ以上はさして気に留めなかった。しかし、図らずもタマちゃんの話題で、私は調布堰付近に出る幽霊の話を思い出した。婦女子がアザラシに声援を送る無邪気なニュース映像を眺めながら、呪われた記憶を呼び起こしていたのである。

最近の多摩川でも妙な事件が起きている。平成二十二年一月十一日に、多摩川河川敷の競馬練習用馬場で乳児の死体が見つかった。地面に埋められて、両足だけ外に出ていたという。平成二十一年四月七日には、十六歳の男子高校生が本羽田付近で溺死《できし》した。これはあやまって転落したらしいが、冒頭で述べた白骨死体の例のように、いきさつがまるでわからないケースがけっこう多い。平成十七年七月二十九日に川で見つかった女性の変死体は、年齢が四十歳から六十歳ぐらいで身長は百六十四センチ。目立った外傷はなく、着衣はなかった。また平成十六年十月二十三日に川で見つかった男性の変死体も年齢五十歳ぐらいで身長百六十四センチ。さらに同じ年の十二月二十四日に河川敷で焼死した男性も年齢五十歳ぐらいで身長は百六十四センチだった。ちなみに焼死した男性は、河原でテント生活をしていた人である。何かの理由でビニールシートが燃え上がり、中にいたまま炎に包まれたと見られている。いずれの変死体も身元はわかっていない。

現地に行ってみると、多摩堤通り沿いに「死亡事故発生現場」と書かれた立て看板があった。平成十五年十月二十九日と書いてある。その日に交通事故が起きたという。ということは、この地では毎年十月下旬になると、必ず水死なり焼死なり交通事故なりで人が死んでいることになる。こうした身元不明の死体は、一定の期間を経て火葬場に送られる。遺骨は自治体が管理する無縁納骨堂に保管され、引き取り手を待つことになる。

かくして丸子橋付近に幽霊が出る理由は十分に存在するわけだが、それでも昔に比べれば、ずいぶん平和になったといえる。いまから半世紀ほど前の調布堰、つまり当時の多摩川ダム付近といえば、全国に知られた怪奇スポットだった。戦後の日本で水死事故の多発から一大怪奇名所と化したスポットは枚挙にいとまがないが、半世紀前の都内で代表的な場所を選ぶとしたら、一に多摩川ダム、二に荒川放水路、三に目黒川というのが相場であった。とりわけ多摩川ダムは、泳いでいるうちにいつのまにかダムに引き寄せられて、水泳の達者な者でも溺《おぼ》れてしまうことで知られていた。死体はたいてい下流の丸子橋あたりで見つかる。そんなことがたびたび起きて〝日本版ローレライ〟と呼ばれた。幽霊事件のメッカとなったのである。

＊

呪いの始まりはボートの転覆事故だった。昭和二十九年（一九五四年）七月十六日、地元の高校生三人の乗る貸しボートが多摩川ダムで突然ひっくり返り、高校生たちは水中に投げ出された。二人は近くにいたボートに救助されたが、一人は行方不明になり、後に下流で死体が発見された。当時地元では、二日前に多摩川べりで起きた男女三人の心中事件の話題でもちきりだったため、高校生の水難はあまり世間の注目を集めなかった。「夏だから水の事故に気をつけよう」ぐらいのものである。しかし、同じ月の二十七日にもまったく同じ場所で水難が相次いだことから、世の人々の目は否応なしに多摩川ダムに向けられた。このときの事故は、次に見るように、不可解な様相を呈していた。

その日、多摩川ダム付近で、やはり三人の高校生が水泳をしていたのである。最初に一人が突然渦に巻き込まれて行方不明になり、通報を受けた東調布署の捜査員が捜索を始めた。そのとき、同じ場所にいた小学生の男の子が「菅野さんがいない」という。この子は知り合いの菅野さんという二十七歳の消防士と一緒に多摩川に遊びに来ていたが、川に入った菅野さんがいつのまにかいなくなったというのである。警察はこの件も捜索することになったが、同じ頃に東調布署には、さらにもう一件の届け出があった。

「多摩川に出かけた高校生が帰宅しない」という。

この高校生は誠次君といって、警察で調べたところ、丸子橋近くの土手に自転車が乗り捨ててあるのが見つかった。ややっこしい話だが、要するに、ほとんど同じ時刻にまったくの他人である三人の男性が、それぞれ多摩川ダムで姿を消したのである。警察は潜水夫を使って夜になるまで川底を捜したが、結局三人は見つからなかった。

この年はさらに事故が起こり続けた。八月二日には、十九歳と十七歳の少年が、ともに多摩川ダムで水死体となって浮かんだ。この二人は知り合いではなく、もともと別の場所にいて、それぞれ行方不明になっていた。二人とも泳げないのに、なぜか危険区域である多摩川ダムに入り込んでしまったらしい。単なる水死事故にしてはおかしいのではないか

死亡事故発生現場の告知板。平成 15 年 10 月 29 日という日付に緊張が走る。この付近では 3 年続けて 10 月下旬に死亡事故が起きているからだ。背景に見えるのは東急東横線の鉄橋である。その右下にある施設が調布堰の取水所だ。

調布堰から見た丸子橋。橋の位置は 100 メートルほど下流になる。調布堰で溺れた人の死体は、丸子橋の下あたりで見つかるのが常だった。普段は浅瀬だが水量は日によって違う。

という見方がこの頃から出てくる。多摩川ダム付近には、何か人を引き寄せるものがあるのではないか、ともいわれはじめた。丸子橋から多摩川を望む景色は魅力的で、川の流れも穏やかに見える。それでつい甘く見て水に入ってしまうのではないかという見方もあったが、果たしてそれだけだったのか。

八月七日には、警察にとってショッキングな出来事が起きた。荏原《えばら》署の警察官二十五人が交番支給の毛布を洗うために多摩川に出かけた折、丸子橋付近のパトロールにあたっていた巡査が、突然川底に吸い込まれて水死したのである。この巡査は、署内でも随一の水泳名人として知られていた。単純な事故とは考えられなかった。

地元の水難防止協会は、この日の夜、川に燈籠《とうろう》を流して水難者の霊を弔った。しかし、八月九日にまた惨事が起こる。この日の午後十二時頃、川遊びに来ていた学生が水中に飛び込んだまま姿を消した。三時間後には、同じ場所で会社員が「対岸に渡る」といって泳ぎ出したまま、やはり姿を消した。その三十分後には、同じ場所を泳いでいた男性が「気持ちが悪い」といい残して水中に没し、そのまま浮き上がってこなかった。

かくしてこの年、多摩川は全国一の水難犠牲者数を出すという不名誉な記録を作ってしまった。しかも変な事故が多いということで、亡霊が足を引いているのではないかという噂が流れた。ここに調布堰は〝魔のダム〟の名をほしいままにしたのである。

事態を重く見た東調布警察署では、急遽あらたに水難対策防止協議会を招集した。警視庁や建設省をはじめ、区役所や民間団体の代表者も集めて〝魔のダム対策〟を練ることにした。その結果、ダムの上下に鉄線が張られ、危険箇所にブイが浮かべられた。また以前より危険表示を増やすとともに、警視庁予備隊員と民間団体の有志が現場を監視することになった。これによって事故の連鎖はいったん収まったが、ものものしい警備状態を余儀なくされたことから、怪奇名所としてはむしろ名を上げることになった。

＊

当時の専門家の分析によると、多摩川ダムの付近は水温の変化が激しく、上げ潮になると強い渦が発生する。この場合、泳いでいる者が水温の変化で心臓マヒを起こすケースがある。したがって水泳が得意な人でも事故に遭うことは不思議ではないという。

とはいえ、わずかな期間に十人以上の死者を出したとあっては、その分析も世間的にはあまり説得力のあるものではなかった。しかも死者に数えられている中には、なぜか死体が上がらなかった人もいる。また、危険な場所と知りつつ、なぜかダム付近に引き寄せられたと証言する人もいた。そのため、やはり水死人が呼ぶのではないかという説は有力視され続け、警察もその説を無視できなくなった。昭和三十二年（一九五七年）七月六日に、東調布警察署と多摩川水難防止協会が共同で水難者慰霊祭を開催したのである。

ところが皮肉にもその日の夜、この年最初の犠牲者が出た。

会社員の青年が友人と二人で多摩川を訪れ、暑さしのぎに泳いでいたところ、いつのまにかダム付近に至った。そのとき友人の目の前で、会社員の青年が突然水の底に吸い込まれていった。東調布署と川崎の中原署が合同で捜索したが、死体は発見されなかった。これを皮切りに、この年も事故が相次ぐのである。

七月二十八日には、中学生の男子が溺れているのを近所の人が発見し、救助して病院に運んだが、意識不明のまま死亡した。翌二十九日にも、やはり中学生の男子が友達と遊んでいるうちにいなくなり、下流で水死体となって発見された。

八月二日には、二十六歳になる鳶《とび》職の男性が、多摩川ダム付近で姿を消した。一緒にいた友人は「助けてくれ!」という叫び声を聞いたが、そのときすでに姿はなかったという。おりしも東調布署のボートがパトロール中だったため、署員二十人を動員して捜索したが、男性は見つからなかった。八月十八日にも、二十三歳同士のカップルが水泳を楽しんでいたところ、多摩川ダム付近で急に男性が溺れ出し、女性の目の前で川底に沈んでいった。三十分後に死体で発見された。

犠牲者たちは、すべてよそから多摩川に出かけてきた人である。川の近所に住む人は、決してダム付近では泳がなかった。危険をよく知っているのはもちろんだが、それだけで

丸子橋から調布堰を眺める。鉄橋の下にダムが見える。この高さからだと川の流れが穏やかに見えるため、つい水遊びがしたくなって水死する人が絶えなかったという。

多摩川調布堰。かつては多摩川ダムと呼ばれた。近くで見ると水の流れは激しい。いまでは周辺の遊歩道は整備され、釣り場としてにぎわっている。その釣り人が平成 17 年にこの場所で水底に沈む白骨死体を発見した。

はない。地元ではこんな噂が広がっていたからだ。

「あの川底には、何十年も前から、溺れ死んだ人の骨が沈んでいるんだよ。最近の事故でも、なぜか死体が上がらないことがあるけれど、消えるはずがないんだから、やはり底に沈んでいるんだろう。よそから来た人は知らないから泳げるけど……」

白骨死体が累々と横たわる川で泳げるはずがないというわけだ。川べりで幽霊を見たという話も当然のように囁《ささや》かれた。水底から魔の声が響いて人を呼ぶという話もまことしやかに噂された。〝日本版ローレライ〟と呼ばれた所以《ゆえん》である。

こうした事態を最も懸念したのは、水死事故の多さに悩まされていた東調布警察署だった。現在の田園調布警察署である。そして昭和三十三年（一九五八年）には、ついにパトロール中の巡査が怪奇現象の現場に立ち会うことになった。

この年の六月二十五日、地元の工場に勤務する小林直一という十七歳の少年が、多摩川ダムで溺死する事故があった。小林君は現場の危険性は熟知していたし、身体は頑健この上なく、誰もが認める水泳の達人だった。日照りが続いていたので、あまりの暑さからつい水の中に入ったらしいが、「あの男が心臓マヒで死ぬはずがない」というのが、おおかたの見方であった。

小林君の事故からしばらくたったある日、東調布署の巡査が、現場のパトロールを行な

郵便はがき

料金受取人払郵便

渋谷支店承認

1195

差出有効期間
平成24年7月
15日まで
(切手不要)

150-8790

046

東京都渋谷区渋谷3-3-5
NBF渋谷イースト
(株) メディアファクトリー
ダ・ヴィンチ編集部
幽ブックス 読者係行

この本に関するあなたの意見・感想をお書きください。

この度は、弊社の書籍をご購入いただき、誠にありがとうございます。
今後の参考にさせていただきますので、お手数ですが下記の質問にお答えください。

1.この本をお買い上げいただいたのはいつですか
平成　　年　　月　　日頃　(通学・通勤の途中、休日)に

2.この本をお買い求めになった書店とコーナーを教えてください
(　　　　　　　　　　　　　　　　)書店で
コーナー
1. 新刊・話題の本コーナー　　2. 文芸書のコーナー

3.この本の発売をつぎのどれでお知りになりましたか
1. 新聞、雑誌広告(掲載紙誌名　　　　　　　　　　)
2. 書評、新刊紹介(掲載紙誌名　　　　　　　　　　)
3. 書店の店頭で　　4. 友人・知人にすすめられて
5. その他(　　　　　　　　　　)

4.この本をお買い求めになった動機は何ですか
1. テーマに興味があったので　　2. タイトルに惹かれて
3. 装幀に惹かれて　　4. 著者に惹かれて
5. 帯に惹かれて　　6. 広告・書評に惹かれて

5.小池壮彦さんの本は他にお持ちですか?　好きな連載は何ですか?
1.今回はじめて購入した
2.何冊か持っている(書名　　　　　　　　　　)
3.連載誌名(　　　　　　　　　　)

よく読む雑誌は何ですか(　　　　　　　　　　)
最近読んで面白かった本・コミックは何ですか(　　　　　　　　　　)

※皆様からお預かりした個人情報は、よりよい作品づくりのために利用します。
それ以外の目的には利用いたしません。

お名前	性別　男・女　　年齢(　　歳) 未婚・既婚(お子様　いる[　　歳]・いない)
ご住所　(　　-　　) TEL.　　FAX.	
ご職業 1. 小・中・高校生　2. 専門学校生　3. 大学生・院生　4. 会社員　5. 公務員 6. 自営業　7. パート・アルバイト・フリーター　8. 専業主婦　9. 無職 10.その他(　　　　)	

った。これ以上犠牲者を増やすわけにはいかないという使命感から、警察は夜も現場をくまなく見回っていた。真っ暗な川べりを巡査は歩く。ちょうど調布堰のあたりで、誰かが泳いでいるような水音を聞いた。その場所は、これまでに何十人もの死者を出した水泳禁止区域である。闇の中で目を凝らして見ると、水面にぼうっと人影が浮いている。背泳ぎのような姿勢で水面をすべりつつ、こちらに向かって手招きしていた。

「おい、何してるんだ」

うしろから声をかけられて、巡査は我に返った。気がつくと、彼はいつのまにか制服を脱ぎ捨てて、川に入ろうとしていた。声をかけたのは、やはりパトロールに来ていた同僚だった。

「おまえも危ないところだったな」

あらたに水死人が出たときは、必ずこんなことがある。そう同僚はいった。危うく難を逃れた巡査は「白い影に呼ばれて急に水中に飛び込みたくなった」と後に証言している。

昭和三十年代前半には、こんな幽霊事件がよく起きていた。そして実は、当時調布堰は飲料用水を取水するための施設だったのである。水死人のダシがよくきいた水を当時の人は飲まされていたことになる。だが、やがて多摩川の水質汚染は深刻さを増し、昭和四十五年（一九七〇年）に飲料用水の取水は停止された。多摩川で泳ぐ人はいなくなったが、その後も幽霊の噂は立ち続けた。水死人だけではなく、焼けた姿の幽霊も出るようになった。昭和四十二年（一九六七年）六月三十日に、多摩川土手で黒焦げの死体が見つかったことがある。若い女性で、しかも外交官の令嬢だった。前代未聞のミステリアスな焼殺事件として世間を騒然とさせた。焼けた姿の幽霊は彼女だろうといわれている。

　最近では多摩川の水質も改善されて、釣りや川遊びを楽しむ客でにぎわうようになったが、夜の川べりで幽霊を見たという話は、いまもときおり囁かれている。

玉菊燈籠

吉原界隈

江戸の廓《くるわ》街の吉原は、元は人形町にあったが、明暦三年（一六五七年）の振袖《ふりそで》火事で全焼した。それを機に浅草に移った。以後この新たな吉原を新吉原と呼び、元の吉原を元吉原と呼んだ。新吉原は、現在の台東区千束《せんぞく》だが、古来この土地が千束村と呼ばれていたことは、山崎美成《よししげ》の「新吉原略説」に述べられている。新吉原から千束への地名変更は、いわば先祖返りだったことになる。

吉原遊郭は、昭和三十三年（一九五八年）に江戸時代以来の歴史を閉じたが、今日も千束の歓楽街は吉原と呼び習わされている。ただし、往時の面影はすでになく「廻れば大門の見返り柳いと長けれど」と樋口一葉が『たけくらべ』で書いたあたりは何の変哲もない交差点である。歩道に立つ見返り柳で後ろ髪を引かれる男の姿を見ることもない。

いまから二百九十年ほど前の享保の頃、新吉原にあった中万字屋《なかまんじ》のお抱えで玉菊という遊女がいた。この玉菊が悲恋の果てに非業の最期を遂げ、祟りをなしたという話がある。

私がこの怪談を知ったのは、東京12チャンネル（現・テレビ東京）の『日本名作怪談劇場』という番組を見たときであった。このシリーズは昭和五十四年（一九七九年）の六月二十日から九月十九日まで毎週水曜日に放映された。その八月一日の回が「怪談玉菊燈籠《たまぎくどうとう》〜廓にたたる遊女の呪い」（監督・倉田準二／脚本・冬島泰三）であった。

当時は玉菊の事績も知らず、ありきたりの人情怪談と受け止めるしかなかったが、やがてこのドラマがビデオ化されて、あらためて見る機会があった。内容は、踊りの師匠のお美代（結城しのぶ）が惚《ほ》れ抜いた男・主水（江木俊夫）と心中を図るが、一人だけ生き残ってしまい、生き恥をさらすのである。その後、お美代は吉原の廓に下げ渡されて遊女となり、玉菊と名乗る。そして主水と生き写しの男・源吉と運命の恋に落ちるが、仲を引き裂く陰謀に遭って源吉は惨殺され、玉菊は自害する。かくして怨霊の復讐物語となる。

玉菊燈籠というタイトルは、玉菊の霊を慰めるために燈籠流しを行なう吉原の風習に由来している。かかる風習は確かにあり、玉菊も実在したことがわかっている。『武《ぶ》江《こう》年表』を見ると、享保十三年（一七二八年）七月に、玉菊の三回忌法要として吉原仲の町に燈籠を出した旨の記述がある。また文政九年（一八二六年）には玉菊の百回忌法要が行なわれたと記されている。しかし、玉菊が死んだのは享保十一年三月二十九日というから、百回忌に当たるのは文政八年である。一年ずれている。これについて『武江年表』は「筠《いん》庭《てい》云ふ、百年忌といふは誤りなり。荻野梅塢《ばいう》といへる者、玉菊が墓所を或るものをそゝのかして繕ひ、碑を立てけるはこの前年なり」と記す。どうやらお岩さんの墓所よろしく、当時の趣味人によるトリッキーな工作があったようである。しかも時期が『東海道四谷怪談』初演の年と重なるのである。

右の引用文中の「筠庭」というのは、随筆『嬉遊笑覧《きゆうしようらん》』を著した喜多村筠庭のことである。そこで『嬉遊笑覧』を見ると、燈籠の始まりは玉菊の追善に始まるという説があるものの、「うら盆の燈籠は世上一同なれば、此里《このさと》にもゝとより家々に挑灯《ちようちん》はもとなり」という。盆に燈籠を出す風習はもともとあったが、玉菊三回忌法要の影響で、新たに意味づけを施されたようである。そこでいつしか〝燈籠といえば玉菊燈籠以後〟という伝承が生まれたらしい。言い替えれば、それほど玉菊燈籠の話が世上に言いふらされて、江戸の風流を嗜《たしな》むよすがとされたのである。

ただし、この霊供養が玉菊の幽霊事件をきっかけに始まったものかといえば、そのように伝える記録はない。ちなみに百回忌イベントを仕掛けた荻野梅塢は、幕府の天守番だった文人であり、怪異趣味の持ち主でもあった。『東海道四谷怪談』の舞台の一つとなった蛇山に住んでおり、蛇山梅塢とも自称していた。この梅塢が、お岩と玉菊の伝説を利用して、何かの流行を仕掛けるつもりでもあったのか。そう邪推したのが、私が玉菊について

上：吉原弁財天にある花吉原名残碑。江戸以来の吉原遊郭は、昭和 33 年に長い歴史の幕を閉じた。花吉原名残碑は、かつての遊郭を偲ぶ記念碑として建立されたものである。

左：明治 33 年 10 月刊『玉菊燈籠』の表紙。版元は日本館本店。錦城斎貞玉の講演を今村次郎が速記したもので定価は 13 銭だった。

玉菊燈籠は昭和 54 年 8 月にテレビドラマとなり、昭和 62 年 7 月にビデオ化された（ジャパンホームビデオ／現在は販売停止）。

人情世界
臨時增刊
五年第三拾七號
玉簾燈籠

の資料を読み進めることになったきっかけである。

＊

理由は不明だが、玉菊燈籠は、昭和三十年代の怪談映画ブームの折には映画化されなかった。しかし、戦前にはそれなりに有力な素材であって、四谷怪談、皿屋敷、牡丹燈籠、累ケ淵《かさねがふち》、化け猫を五大怪談とすれば、その次の六番目には数えられるべき怪談だった。

昭和九年（一九三四年）に新興キネマが映画化している。原作・脚本・監督を木村恵吾が手がけ、玉菊を演じたのは鈴木澄子である。この映画では、秋葉屋の遊女玉菊と笛吹きの幾三郎（由利健次）の恋仲を裂きたい旦那がいて、秋葉屋の女将《おかみ》（花村雪子）がその企《たくら》みに加担し、卑劣な工作をするという筋になっている。清元の師匠竹志賀（泉清子）が文《ふみ》使いの車夫を利用して「玉菊はもう旦那のものになった」と吹聴する。それを聞いて自暴自棄になった幾三郎は、竹志賀の色香に惑うようになる。二人の逢瀬《おうせ》を目撃した玉菊の胸は張り裂け、狂い死にして怨霊と化すというストーリーである。

当時の『キネマ旬報』に内田岐三雄《きみお》の批評が載っている。それによると、この映画は最初の字幕で「玉菊燈籠」に傍注して「巷談」とし、「ひとのうはさ」と振り仮名してあり、その上に木村恵吾作・藤井静絵と記されていたという。この凝り方を内田は監督の熱意と認めながらも「幾分キザ」として首を傾げ、作品そのものは「多少冗漫」であるが情趣に満ちた怪談物の佳品と評価している。日本映画データベースによると、大正元年（一九一二年）にも玉菊燈籠は映画化されていたようだが、その内容は不明である。

玉菊燈籠が戦前において今日よりよほど知られた悲恋物語であったことは、芥川龍之介が『槍《やりが》ヶ嶽《たけ》紀行』（大正九年）の中で「昨日東京を立つ時に買った講談玉菊燈籠を少し読んだ」と述べていることからも知られる。主として講釈の種であり、講談本として流布していた。その講談をもとに仕組まれた芝居が、三世河竹新七《しんしち》の『星舎露玉菊《ほしやどるつゆのたまぎく》』である。明治三十三年（一九〇〇年）七月に春木座で初演された。この芝居は、安政四年（一八五七年）に玉菊の百五十回忌をぶち上げて興行された『網模様燈籠菊桐《あみもようとうろのきくきり》』から派生した芝居である。河竹黙阿弥《もくあみ》の『小猿七之助』を玉菊の話と綯《な》い交ぜで演じたのが『網模様燈籠菊桐』の内容であったが、後に三世河竹新七が玉菊の物語だけを独立させたのである。

『星舎露玉菊』の筋は、大工の弥吉が吉原遊びで金を使い果たしたのを後悔し、死のうとするのを玉菊が助けて、金を工面するのである。弥吉は玉菊と固い契りを交わし、国に帰っていく。そして後年、玉菊が再会を望んで訪ねたところ、弥吉の母親は玉菊に「息子は死んだ」と告げる。思わぬ悲報に絶望した玉菊は、弥吉の墓前で盛装し自害する。だが実は弥吉は生きていた。母親が玉菊を邪魔に思って偽りを告げたのである。かくして玉菊の亡霊が弥吉の前に現れ、さめざめと泣いて恨み言を吐くという話になっている。玉菊燈籠のストーリーは、この芝居の内容を決定版として明治時代に流布した。

三世河竹新七が芝居を仕組むにあたって原作としたのは、幕末・明治の講談師邑井一《むらいはじめ》の講釈である。明治二十七年（一八九四年）刊行の講談本『玉菊燈籠』（邑井一講演／加藤由太郎《よしたろう》速記）を見ると、おおむね『星舎露玉菊』の内容の通りであるが、玉菊が祟るのは弥吉の母親に対してである。その方が客も納得しただろう。「おッかさんは済《すま》ないく〳〵と云つて遂々《とうとう》気が違つて刃物を見さへすれば咽喉《のど》を突《つこ》ふとする又は外へ驅《か》け出して井戸へ飛び込まうとする」あるいは「玉菊が来たあれ玉菊が私を責《せめ》る」と言って表へ駆け出していくなどの描写がある。明治の怪談らしく、亡霊は神経病の症状で表現される。

一方、『星舎露玉菊』初演の三ヶ月後に、錦城斎貞玉《きんじようさいていぎよく》講演の速記本が刊行されている。これの筋によると、玉菊が物乞いの格好で弥吉を訪ねるという設定になる。母親がその風体を怪しんで「息子は死んだ」と嘘を告げるが、実は玉菊は道中の安全のため、あえて男の関心を引かないように汚い格好をしていたのである。そのことを母親は、後に玉菊の遺書で知る。嘘を告げたことを悔やんで自害する。二人の亡骸《なきがら》を見つけた弥吉は途方に暮れるという悲惨なラストである。このバージョンでは怨霊は出ないし、その必要もない。

そもそも講談種のもとになっているのは、文政五年（一八二二年）刊の洒落本《しやれ》『玉菊全伝花街鑑《たまぎくぜんでんさとかがみ》』である。この本は、玉菊の出生から死までを通しで描いているから全伝という。

継子《ままこ》のお玉が遊女玉菊となって、昔の男に再会する。江戸の遊女は営業用に誠らしい嘘をつくから、男はその心が測れない。世に娼妓《しょうぎ》に誠なしというがごとく、遊女が恋愛の誠を実証するには、心中するか自害するかのどちらかしかすべがない。洒落本で描かれるストーリーでは、玉菊も愛する男への義の証明として自害するのである。

こうして見てくると、テレビ放映された『日本名作怪談劇場』のプロットは、『玉菊全伝花街鑑』の設定に講談種を加えつつ、うまいことかき混ぜたものとわかってくる。『花街鑑』は「此の玉菊が物語は頗《すこぶ》る正説《せいせつ》に原《もと》づきて聊《いささか》も私言《しげん》を加へず」と附言しながらの架空物語であるが、玉菊の悲恋と自害という要素は、少なくとも事実と見られていた節がある。江戸の庶民は一般にそう思っていた。そこで考証家の出番となる。

＊

江戸の文人たちが玉菊の事績考証に乗り出したのは、山東京伝が『近世奇跡考』（文化元年〈一八〇四年〉刊）に「万字屋玉菊の伝」を記したことがきっかけである。京伝は、玉菊の没年が正徳年中であるという説を誤りとし、玉菊燈籠を初めて灯《とも》したのが享保元年（一七一六年）であるという説も妄説として退けた。そして玉菊は「日ごろ大酒を好み、つひに酒にやぶられ、廿五才にて死せしといふ」として自害説も否定した。この他に玉菊について当時伝わっていたのは拳相撲《こぶしずもう》という遊びがうまかったことぐらいだが、いずれにしても玉菊は、酒の飲み過ぎで身体を壊して病死したのであって、悲恋から自殺したのではなかった。そのことを京伝は明らかにした。

京伝が玉菊伝を書くにあたって参考にしたのは『袖草紙《そでそうし》』という本である。これは玉菊の三回忌に編まれた追善句集で、玉菊本人を直接知る関係者による同時代文献である。俳人の岡野知十《ちじゅう》は『玉菊とその三味線』という著書で「誰が考へても袖草紙を外にしては玉菊はなく」と述べている。『袖草紙』は玉菊伝の根本資料であるということだ。したがって『袖草紙』の記述を信じるならば、誰でも京伝と同じ結論に至るのである。

玉菊の没年は前述したように享保十一年（一七二六年）だが、なぜ正徳年中と誤伝されたかというと、これは安永九年（一七八〇年）刊の『玉菊燈籠弁《べん》』が誤伝を記した影響と見られる。この本は、玉菊燈籠の起源を知りたいという世のリクエストに答えたと序に記されている。玉菊の霊が自らの来歴を物語るという趣向の内容である。玉菊の霊は「我《われ》正徳五乙未《いつび》七月此世《このよ》を去りてより」云々と告白するが、この霊自らの記憶違いが誤伝となったようである。データ的にはまずい本だが、玉菊の霊の降臨という発想がすでに世に受け入れられていたことを示す内容であることが興趣をそそる。

本の末尾に「燈籠になき玉菊が来る夜かな」とある。この一文を附すのが玉菊伝のお約束である。玉菊の霊の降臨というイメージ生成に大きく影響したこの句は、山崎美成によると、明和五年（一七六八年）刊『俳諧鯛』にある東条万立《まんりゅう》の作という。

岡野知十の『玉菊とその三味線』には、『袖草紙』のテキストが附されている。このテキストは、文政九年（一八二六年）の玉菊百回忌の折に『百羽掻《ももはがき》』の題で翻刻されたバージョンである。一方、玉菊の伝記は京伝が俗説を正したのを受けて、山崎美成が「遊女玉菊伝」を著している。この執筆は百回忌イベントの前年、文政八年のことである。美成はかねてより玉菊の資料を蒐集《しゅうしゅう》していたが、荻野梅塢が玉菊百回忌イベントを企図している旨を聞き、手持ちの資料を玉菊伝としてまとめたのである。

つまり、文政九年の時点で翻刻された『袖草紙』をはじめとする玉菊の伝記資料は揃っていた。一般的には玉菊の事績が不明瞭になっていたとしても、考証家が基本事項を間違えるはずはない。荻野梅塢も当然それらの資料に目を通したはずである。ところが、どうやら梅塢は事実だけでは満足できなかったらしい。それは彼が書いた「遊女玉菊之墳記」という芝居がかった文章を見るとわかる。その注目部分を中央公論社版『燕石《えんせき》十種』より引用する。

「新吉原角町《すみちょう》中卍屋《なかまんじゃ》の遊女玉菊といひしは、宝永の初、情事によりながら、頗《すこぶる》節操《せつそう》の聞《きこ》えありて自尽《じじん》せしを、人もあわれびて、中元《ちゅうげん》の燈《とう》を家々にかゝげ、水調子《みずちょうし》といふ浄瑠璃を、竹《ちく》夫人が作りて追薦《ついせん》せしに、しば〳〵霊あらわしゝことありとて、おのれがはゝのおは右：吉原弁財天にある吉原観音像。吉原遊郭は関東大震災で炎上し、逃げ遅れた遊女たちは近くの弁天池に飛び込んで溺死した。その数は490人といわれている。彼女たちの追悼のため、震災から３年後に観音像が建立された。

左：吉原大門跡の交差点に立つ見返り柳。もとは京都・島原遊郭の柳を模したものだったが度重なる焼失で何度も植え替えられた。旧吉原の名残を今日に伝える。

新吉原の中程にある吉原神社。古来遊郭にあった稲荷社を合祀して明治５年に創建された。花魁の参拝を裏付ける記帳が残るなど往時の面影を残す遺跡である。いまも女性の参拝客が訪れる姿をよく見かける。

FIRE HYDRANT
消火栓

しゝ日は、人も中万字やの楼上《ろうじよう》にて、かの追薦の浄るりを物すれば、必《かならず》怪異の有《あり》となん、深く忌《い》む事也《なり》しを、おのれ幼き時、母のかくものがたり給《たま》ひしを、耳にきゝはさみ居《おり》し」

簡単に内容を説明すると、梅塢は玉菊が自殺したという伝説をそのまま書いていて、事実には目を向けていない。そして水調子という浄瑠璃を演奏すると玉菊の幽霊が出るという話を幼い頃に母親から聞いたと書いている。梅塢は山崎美成の考証を通じて玉菊が病死したことを知っているはずである。それを承知であえて自殺説を取っていることになる。

水調子というのは、玉菊三回忌の折に、浄瑠璃作者の竹婦人（竹島春延《はるのぶ》）が作った曲である。追善の曲が霊を呼ぶというのはありがちな話だが、果たして梅塢は中万字屋に泊まった折、うっかり芸者に水調子を弾かせたところ、その夜に病におかされて一ヶ月も寝込んだとその後の文章で記している。これを玉菊の祟りと思って念仏していた折、たまたま『江戸砂子』の記述から玉菊の百回忌に気づいたというのである。

梅塢いわく「五十年前までは、異怪の事ありし」とのことだから、『玉菊燈籠弁』が刊行されたあたりの時代には、玉菊の幽霊話はよほどリアルに語られていたのかもしれない。それが怪異趣味の技巧化した文政期になって、あらためてネタとして思い出されたというのはあり得ることだ。大田南畝《なんぽ》の随筆「半日閑話《はんじつかんわ》」にも、中万字屋に遊女の幽霊が出たという話が記されている。江戸の世ならその類いの逸話が普通に転がっていたことは、いまでも歓楽街に同種の怪談が当然のように流布していることから明白である。

だがそれよりも私が気になるのは、玉菊の怪談が文政期にぶち上げられた経緯である。四谷怪談のブームの育成の段取りと時期的に重なっている。梅塢が玉菊の祟りで寝込んだのは、文政八年（一八二五年）一月のことである。同年夏に『東海道四谷怪談』が初演される。お岩さんの百五十回忌イベントも、そのときにでっち上げられたのである。お岩墓所が作られたのはこの時と見られるが、実は玉菊の墓も似たような経緯をたどっている。

その話にはまた紆余曲折《うよきょくせつ》があるので、章をあらためて述べてみたい。

玉菊の墓
永見寺墓所

新吉原で評判の遊女だった中万字屋《なかまんじや》の玉菊は、二十歳で胸を病み、回復後も好きな酒の飲み過ぎがもとで享保十一年（一七二六年）三月二十九日、二十五歳で他界した。多くの人がその死を惜しんだ。

三回忌に燈籠《とうろう》を出し、玉菊の霊を慰めたのが、世にいう玉菊燈籠の始まりである。以後玉菊は、演劇や小説のヒロインとなったが、問題は彼女をめぐる物語がいつの頃からか怪談になったことである。おそらくは、玉菊が悲恋の果てに自害したという伝説からの発想なのだが、玉菊の死因が胸の病であったことは、文政期の考証家が明らかにしていたことである。だが俗説はそのように見ておらず、玉菊の祟りが根強く信じられていた。

事実に反する伝説がリアリティを持つからには、もとの事実とは別の事実が別途付け加わった可能性がある。この問題について本章では考証する。

まず実際の玉菊はどういう女だったかということに触れておくと、少なくとも男のことで思いつめるようなタイプではなかったらしい。本人を直接知る人が編んだ追善句集『袖《そで》草紙《そうし》』には「妖顔霊色《ようがんれいしょく》はまたもとめつべし」とあることから、格別美人というわけでもなく、容姿は並であっただろうと岡野知十《ちじゅう》は述べている（『玉菊とその三味線』）。「幽霊となるべき気質はない」という見立てである。

たしかに『袖草紙』が収録する追悼の句を見ていると、死後にかくも慕われるからには、情念型の粘っこい女だったとは思われない。おそらくは、からりとした剽軽《ひょうきん》な女であって、からかわれれば素直に腹を立て、気風《きっぷ》がよくて気前もよくて、いわゆる〝女にもてるタイプの女〟であったかとも想像される。つまらない美人ではなかったということか。しかし、メディア上の玉菊は、時代の評価や理想に翻弄《ほんろう》され、愛する男への義に殉ずるというような、節操を重んじて融通のきかない美人キャラクターに変貌していく。

文政時代に伝説の遊女玉菊のブームを仕掛けたのは、幕府の天守番だった荻野梅塢《ばいう》という人物である。梅塢は玉菊自害説を喧伝し、百回忌イベントを取り仕切った。それが文政八年（一八二五年）のことである。『東海道四谷怪談』初演の直前だった。『武江《ぶこう》年表』は文政九年にも玉菊の百回忌法要を行なった旨を記載するが、その事情はあとで述べる。いずれにしても、当時の感覚からすると、四谷怪談のお岩より玉菊の方が、よほど世間受けしたようである。その証拠に、文政八年に行なわれたらしいお岩追善の催しは『於岩稲荷来由書上《らいゆかきあげ》」に記される以外にはまるで記録に現れない。比べて玉菊祭の模様は、いくつも資料が残されている。これは謎といえば謎である。

なぜかお岩稲荷の由来は、幕府の公文書が記しているだけで、民間の記録には出てこない。代わりに玉菊の記録ばかりがある。お岩については「於岩稲荷来由書上」という幕府の公式見解がある以上、その他のことはとやかく詮索《せんさく》するなという戒《いまし》めでもあったかのごとくである。何かしら官の側からの情報統制を想像させる。

四谷怪談の芝居が有名なわりには、お岩に関する実説資料は少ない。この疑問は、一人私だけのものではなく、実は明治の好事家《こうずか》も首を傾げていた。早くからそういう疑問が見出されていたのである。語れば祟るという言い伝えがまことであるから資料が散逸したものか……という風に話が理解されていく理由にもなった。

荻野梅塢にしても、蛇山梅塢と自称したほどの通人であったが、幕臣であるから勝手なことをするのにも限界があったと見える。同じく幕臣だった田宮家のお家問題には首を突っ込んでいない。その代わりに遊女玉菊というお上から文句をいわれない領域に手を出したものとも思われる。

梅塢が行なったイベントの翌年、文政九年にあらためて催された玉菊の百回忌には、錦絵などの配り物がずいぶん出たことがわかっている。玉菊の遺品を探すコレクターも存在した。玉菊自筆の絵をモチーフにした「朝顔」という小唄も百回忌の折に披露された。

それらの資料を昭和四年（一九二九年）に「玉菊の百年忌」という論文で紹介した国文学者の島田筑波《つくば》は「どうも文政の玉菊百年忌は、それほど寂しいものではなかったやうに考へられる」と述べている。むしろ「かなり賑やかなものであったらしい」というのである（『日本書誌学大系・島田筑波集 下』）。この百回忌の行事が行なわれた場所は、浅草新堀端、すなわち現在の台東区寿にある永見寺《えいけんじ》である。いまでもこの寺に玉菊の墓がある。

これが本当の墓ならば、実に貴重な遺跡であるが、すでに大正時代に演劇学者の兼子伴《かねこばん》雨《う》が「永見寺にある玉菊の墓は、空墓《からばか》で、所謂《いわゆる》記念碑とか、供養塔と云ふ物です」と身も蓋《ふた》もないことを述べている（『演芸画報』大正七年八月）。

しかし、この墓所も兼子伴雨がいうほどの空疎なものではなく、それなりに玉菊の面影を伝えるものであって、因縁浅からぬ遺跡であると私は考えている。なぜ永見寺の古びた墓が玉菊の墓所とされたのか。その経緯を見ていくと、事実に反する玉菊自害説がなぜリアルに語られたのかという怪談の背景がわかってくるのである。

＊

いったい遊女の事績などが、なぜ問題になるかといえば、それだけ江戸時代が長かったということだ。一口に江戸時代というが、文化文政の頃になると、百年前の享保の頃のことは、すでによくわからなくなっていた。それでいて世に玉菊燈籠の風習があり、清元にも玉菊が歌われている。玉菊伝説は、世の婦女子の日常に溶け込んだ知識であったが、その素性となると誰にも説明ができない。ここに考証というものが流行《はや》り出す下地が現れた。そして山東京伝の『近世奇跡考』が玉菊の実像を世に知らしめたのである。

京伝はこの著作で、玉菊の遺体が浅草の光感寺《こうかんじ》に埋葬されたという説を唱えた。そして「たづね見るに、しかとしれがたし」と記している。つまり『近世奇跡考』が刊行された文化元年（一八〇四年）の時点で、すでに玉菊の墓は確認できなかった。そこでこの記述が世の好事家を刺激し、ひとつ玉菊の墓を見つけてやろうという気運を盛り上げた。

玉菊が光感寺に埋葬されたというのは、ひとまず事実と考えられる。それは玉菊三回忌の折に編まれた『袖草紙』が「墓のほとりの紅塵《こうじん》をはらふに東大寺法隆寺と尋ねずして光感寺といふ香はなかりき」と記しているからだ。京伝も『袖草紙』の記述からそう断定したのである。他に手がかりはない。

玉菊の墓が失われた事情は不明だが、『遊女玉菊考』（著者不詳・柳亭種彦か？）は、明和九年（一七七二年）の大火で罹災したのではないかと推定している。文化三年（一八〇六年）の大火でも光感寺は全焼したが、それ以前から墓がなかったことは京伝が確認していたよる。何度も大火に見舞われた土地柄であり、住職も玉菊の墓は埋もれたままにしていたようだ。

しかし、京伝の著作が世に出て以来、各地の好事家が光感寺を訪ねるようになった。たとえば、新吉原の風俗研究家桐屋五兵衛や、幕臣で古墳研究家の伊藤勇助などである。特に桐屋五兵衛は、再三にわたって住職に墓の捜索を依頼したので、住職も妙な気を起こしたらしく、別人の墓を玉菊の墓と称して喧伝したことがある。これには五兵衛も興ざめしたようだが、結果としてこの住職の出来心が玉菊の墓所問題を複雑にした。墓を捏造《ねつぞう》したのだから困ったことだが、歴史というのはだいたいそんな都合で作られる。文政期になって、この玉菊の偽墓に目をつけたのが荻野梅塢だったわけである。

梅塢が玉菊問題に関わったきっかけは、前章で述べたごとく、中万字屋に泊まった折にうっかり芸者に水調子を弾かせたところ、その夜に病におかされて、一ヶ月も寝込んだことにある。水調子というのは、浄瑠璃作者の竹《ちく》婦人（竹島春延）が玉菊三回忌の折に作った曲である。これを演奏すると玉菊の幽霊が出るという言い伝えがある。その話を梅塢は幼い頃に母から聞いていた。しかも年を数えてみると、玉菊の百回忌が近い。そこで梅塢は玉菊の祟りと思い、供養を志して光感寺を訪ねた。そして偽墓と対面したのである。

偽墓の墓碑には「光岸明秀信女　宝永元年五月十九日」と刻まれていた。ならばその没年から玉菊の墓ではないことぐらい、梅塢はすぐにわかったはずである。しかし、彼の口

上：玉菊が埋葬された光感寺。三回忌法要の後、度重なる火災で墓は失われた。文政当時に復元された墳墓もいまはなく、現在は建物も住宅のようで寺社の面影はない。

左：明治の玉菊挿絵。左手に短刀を持ち、男の墓前で自害する直前の様子を描いている。

中万字屋の菩提寺だった永見寺。門を入って左手に玉菊の墓所がある。「玉菊燈籠が高座にかかるときは、いまも講談師の方がお参りに見えますよ」（寺の奥さん談）。

マンが事実をねじ伏せたものか、梅塢は偽墓を整備して「遊女玉菊之墳記」なる碑文をものした。現地で百回忌の追善供養を行なったのが文政八年（一八二五年）五月十九日のことである。だがこの行為は文人仲間の不興を買ったと思《おぼ》しい。考証家が見れば、墓碑銘の命日の食い違いは明白である。玉菊の墓とは認められない。そこで山崎美成《よししげ》が「遊女玉菊伝」に正確な事情を書いて送ったのが同年五月二十三日のことだった。

推測だが、同じ年に三世尾上菊五郎がお岩墓所を整備したのは、梅塢による玉菊追善供養の影響ではなかったか。古人の伝説がリアリティを持つには考証の要があり、畢竟《ひっきょう》それは墳墓の実在に裏付けられる。それが世の通り相場である。だからいまでも古墳の埋葬者が誰々であるとか、いや違うといった話題が絶えないのであって、これぞ誰々の墓であると証すれば手柄にもなる。文政期にもそういう流行があって梅塢のごとき好事家が現れたと見られるが、その様子を伝え聞いた鶴屋南北と菊五郎が「これは行ける」と思ったとしても不思議はない。その嗅覚が優れていたことは、いまでもお岩墓所が名所化していることから明らかである。

＊

玉菊の百回忌供養が派手に行なわれたのは、文政九年（一八二六年）六月二十五日のことである。これが先に述べた浅草の永見寺でのイベントだった。この寺は、玉菊を抱えていた中万字屋の菩提《ぼだい》寺である。したがって法要を行なう大義名分はあったが、問題はこの寺にある玉菊の墓とは何であるかということだ。

兼子伴雨がこれを空墓だと断じたことはすでに述べた。その根拠は関根只誠《しせい》編『戯場《ぎじょう》年表』の記述による。すなわち、文化文政の頃の狂歌師・百寿斎広丸という山師が玉菊の百回忌に目をつけ、寺僧と謀《はか》って無縁仏の古墳に「菊顔玉露信女」の戒名を偽造したのだという。広丸は中万字屋にイベントのスポンサーを依頼したが、「仏事を営むなら他人の力は頼まれぬ」と釘を刺され、結局徒労に終わったという話である。これが事実なら、なるほど墓は偽物ということになる。

しかし岡野知十は、この説を丸呑みにはせず、「大方の始末はこんな事であったろうがこの話の通りでもなかったらう」と指摘している。実際には『戯場年表』が記すほど悪意のある事情ではなかっただろうというのである。

というのも、永見寺の過去帳は古いものも保存されており、それによると享保十二年の条に、たしかに「菊顔玉露」という戒名が記載されている。つまり、少なくともこの戒名を持つ遊女が古くから永見寺に埋葬されていたことは事実と見られる。問題はこれが玉菊のことなのか否かだが、すでに述べたように『袖草紙』によれば、玉菊は光感寺に埋葬されたことになる。そうであれば、永見寺の「菊顔玉露」は別人と考えるほかはない。

だが一方で、中万字屋の遊女は代々永見寺に葬られたという事実もある。玉菊の墓だけが、なぜ光感寺にあったのか。それもまたおかしな話であろう。ここにもうひとつの推理が成り立ってくる。

「菊顔玉露」の命日は、享保十二年六月二十五日である。玉菊の命日と月日は異なるものの、没年は一年しか違わない。もしかすると、はじめから『袖草紙』の記述のみを正しいと思い込んでいることに問題がありはしないか。永見寺に眠る「菊顔玉露」こそ本当の玉菊ではないか。おそらくそういう見方が文政当時に広まっていて、それゆえに永見寺の墓もリアリティを獲得したのではないかというのが岡野知十の説である。

ちなみに『遊女玉菊考』は、玉菊の戒名を「覚樹妙雲」としている。これは『袖草紙』の追悼文が「覚樹」「妙なる」「雲」といった語を強調していることからの推定である。確かな話ではないのである。比べて「菊顔玉露」というのは、玉菊の戒名としては理にかなっている。そのことも永見寺の墓にリアリティを与えている。

『袖草紙』は「願我真浄」という浄土宗の文言を引いており、光感寺も浄土宗の寺であるが、一方の永見寺は禅寺である。そのあたりに秘密があるのかもしれない。つまり、玉菊本人もしくは身内が浄土宗に縁があり、そのことから光感寺が遺体を引き取る一方で、玉菊を抱えていた永見寺でも遺品を分葬したのではないだろうか。私はそう推定している。

台東区松が谷付近。古来、寺町として知られる。有名人の墓がある源空寺や、かっぱ寺で知られる曹源寺などがある。しかし光感寺の周囲は、写真のように平凡な道が通るだけである。玉菊の面影を偲ぶことはできない。

吉原弁財天の卒塔婆。古来遊女たちの信仰を集めた弁財天は、関東大震災で悲劇の現場となった。被災した遊女の霊を慰める人々の手を合わせる姿がいまも絶えない。

だとすれば、「菊顔玉露」の墓石に刻まれた年月日は、分葬した日とも考えられる。

いずれにしても中万字屋は「菊顔玉露」の墓所を玉菊の墓として整備し、そのときにお抱え遊女で故人となっていた立花、山茶花《さざんか》などの霊も合祀した。そして実は、この立花という遊女の事績が、玉菊の自害と怨霊説のモデルになったと見られる。

立花にまつわる逸話は、天明年間に写本で流布した『北女閭起原《ほくじょりょきげん》』に記載がある。吉原の創業者とされる庄司甚右衛門の四世、庄司勝富が詩文などを集めた『洞房語園《どうぼうごえん》』(元文元年〈一七三六年〉刊)という本がある。その異本を集成したのが『北女閭起原』である。『日本随筆大成』が収録し、その中の『洞房語園異本考異』に問題の記述がある。

それによると、立花には深く言い交わした客があったが、その男は仕事の都合で田舎へ行くことになり、「しばらくの別れだ。戻ったら身請けしよう」と言って金百両を置いて去ったという。その後も立花は多くの客と接したが、中でも頻繁に通う男がいて、ついには立花を身請けしたいと申し出た。立花は先に約束した客がいるとも言えず、そうこうするうちに客は手付金として二百両を主人庄兵衛に渡した。それを聞いた立花は、もはや前の客に義理が立たないと思い、事情を書き置きして自殺したという。「うかれ女の身に、かかる節操あること、百年の後、人をして泣かしむ」と原文は記している。

これこそ玉菊物語の原形であることは疑いようがないだろう。立花が自刃したのは宝暦

永見寺にある玉菊の墓所。高さは１メートルほどで、苔の染みた墓石が年輪を物語る。「菊顔玉露享保十二年六月二十五日」と刻まれている。記録に残る玉菊の命日とは食い違っているが、遺品もしくは遺骨を分葬した日を刻んだとも考えられる。

八年（一七五八年）のことだという。玉菊没後三十二年目に当たる。

現在も永見寺の墓所には、玉菊・立花・山茶花の三人が合祀されている。山茶花がどんな女だったかは不明だが、中万字屋お抱えの遊女のうち、この三人の墓石だけが発掘されたので、合わせて一つの墓にしたのかもしれないと岡野知十は述べている。

先日私は、その墓所にお参りしてから、いま光感寺はどうなっているのかと思って訪ねたが、すでに往時の面影はなく、荻野梅塢が飾り立てた墳墓の痕跡もなかった。

寺の奥さんは語る。「昔、そういうものがあったと聞いています。ここに玉菊さんのお墓があったことは確かです。でも私が来た頃には、もう何もなかったんですよ」

かつては隣に「玉菊湯」という銭湯があり、わずかに江戸の名残を留めていたという。

「玉菊さんの名前を残していたのは、それが最後だったかもしれませんね」

銭湯がなくなってから、玉菊に由来する痕跡は、まるで失せてしまったという。玉菊が生きた時代はおろか、梅塢が生きた頃の空気も、今日では探すことが難しい。

火除橋の怪火

日本橋界隈

東京・日本橋のあるホテルに泊まったサラリーマンの話である。

夜中に寝ていて、何かの夢を見ていたが、あまりにも寒いので目が覚めた。冷たい風が吹き込んでくる。

起き上がった拍子に、カーテンの隙間から女が覗《のぞ》いているのを見た。唇《くちびる》に薄く紅を引いた白い顔。まだ子供じゃないか、と思った。

少女は照れるように顔を引っ込めた。夢の続きかと思ったが、カーテンの膨らみが動いている。確かに人がいる。

風の音が強くなり、そういえば台風が来るらしいと思ってから、再び窓の方を見た。もう人の気配はなかった。カーテンを開けても誰もいなかった。

銀座や日本橋の界隈《かいわい》には、昔から怪談が多い。都市と幽霊が切り離せないのは、江戸時代からのことである。先日私は、サラリーマン氏が幽霊に遭遇したホテルに立ち寄った帰りに、東京駅の地下道を歩いていた。そのとき、大手町と日本橋をつなぐ通路に充満する妙な湿り気が気になった。東京駅はいつもどこかしら工事をしている。不審である。

気がつくと周囲に人はおらず、長い地下道に私の靴音だけが響いている。出口に至り、地上に向かうエスカレーターのあたりで、ようやく前方に女の後ろ姿を見た。紺色の服を着たＯＬである。銀行員だろう。異空間に迷い込んだわけではないと知ってホッとしたが、ふと見ると、女は足を前後させているだけで移動していない。いや少しずつ前に進んでいるようではあったが、すぐに私は追いついて、追い越した。

振り向くと、女の首から上は髪の毛だけで顔が見えない。たぶん顔を胸に押し付けるような感じで伏せているのだが、そんな窮屈なことをする必要がない。仮に何かの理由でその必要があったとしても、あれでは前が見えない。そして相変わらず女は、歩いているのに、ほとんど前に進んでいない。関わらない方がいいと思い、小走りに日本橋の交差点に出た。そもそもの目的地がここだった。

＊

日本橋のたもとに、橋の由来碑がある。そこは江戸時代に高札場《こうさつば》があった跡地である。高札場とは、幕府の公式掲示板で、禁令やニュースなどの御触書《おふれがき》が掲げられていた。現在の由来碑は、高札の形を模している。

道路を挟んで向かいに交番がある。隣接して〝滝の広場〟と称する窪地がある。とりあえず広場にでもしておけといった感じの一見無意味な空間である。現在ではおおっぴらにはしていないが、かつてここに晒場《さらしば》があった。江戸時代に、死刑執行前の罪人を縛って座らせ、通行人に見物させた場所である。『古事類苑』にこうある。

「其《その》刑場ハ、日本橋高札場ノ正面、東方ノ空地ニ於《おい》テ、方《かた》数十歩ノ地ヲ占メ、其周囲ニ杭《くい》ヲ樹《た》テ縄ヲ張リ、其中ニ笘《とま》ヲ以テ小屋ヲ作リ、小屋内ニ筵《むしろ》ヲ敷キテ罪人ヲ坐セシメ、其背後ニ扣杭《ひかえぐい》ヲ打チテ之ヲ繋《つな》ギ置《おく》ナリ」

晒というのは、文字通り犯罪者の姿をさらすことで、重罪人の付加刑だった。この刑のみを科せられるのは、女と情を通じた僧侶に限る。女犯《にょぼん》の罪である。また、心中し損なった男女の場合、両者ともに生き残れば〝非人手下《てか》の刑〟すなわち穢《え》多頭《たがしら》弾左衛門の立ち会いのもとで非人に落とされた。その付加刑として、やはり日本橋の広場に三日間、晒された。「四日目は乞食で通る日本橋」という川柳はそうした事情を詠んでいる。

延享三年（一七四六年）に、津軽藩士の倅《せがれ》で江戸《えど》詰祐筆役《づめゆうひつやく》だった原田伊太夫が、吉原の遊女尾上と心中を図り、未遂に終わってこの地に晒された。この事件が新内節の『帰咲名《かえりざきな》残命毛《ごりのいのちげ》』の絶唱、「逢ひ染めてより一日も、鳥の鳴かぬ日はあれど、お顔見ぬ日はないわいな……」と唄われて庶民に語り継がれた。いまも邦楽を代表する名調子である。岡本綺堂の戯曲『尾上伊太八』は、非人に落とされた後の原田伊太夫（芸能では伊太八）を描いているが、実際の伊太夫と尾上が処刑後にどうなったのかは定かではない。

今日では皆目《かいもく》わからなくなっているが、風俗研究家の田村栄太郎によれば、三越百貨店のある日本橋室町のあたりは「江戸初期におけるインチキ両替の中心町」だったという（『銀座・京橋・日本橋』）。つまり闇金融のメッカであって、その方面を仕切ったのも弾左衛門である。江戸時代の文献を見ると、たとえば『江戸砂子』には「此辺むかしは穢多ありしと也。此所の辻にて今に燈心《とうしん》をひさぐはその遺風《いふう》といひつたふ」と記されている。また弾左衛門の屋敷は浅草にあったとされるが、『事蹟合考《がっこう》』によると、「今の本通り室町三四町の辻にあたり候地に、代々居住仕候」ということだから、こちらにも住所が存在したらしい。かかる陰と陽との同居がこのエリアの本質だった。

日本橋の古い面影が、都市開発で姿を消していくのは、明治三十年代のことである。明治新政府が意図的に過去の隠滅を図った。その後に東京下町を壊滅させた大正十二年（一九二三年）の関東大震災は、江戸期でいう振袖火事の役目を果たしたといえる。つまり、明暦の大火が市中を焼き払って江戸初期の景観を一掃したように、関東大震災で江戸末期以来の名残の景観はまるっきり消えた。

日本橋由来碑。江戸時代の高札場跡地である。江戸には 35 ヶ所に高札場があり、日本橋・常磐橋・筋違橋・半蔵門・芝札の辻の 6 ヶ所に大高札場があった。お尋ね者の人相書きが公開される時代劇のワンシーンでもおなじみである。日本橋にはとりわけ重要なお触れが掲げられた。

滝の広場。江戸時代の晒場跡地である。涼しげに滝が流れており、イベント会場に使われることもある。夜はスポットライトに照らされて、それなりに綺麗である。処刑場だった時代には、奉行所から罪人を晒す旨のお触れが出された。特に心中未遂の女が晒されると、多くの見物人が集まった。牢屋で死んだ罪人の死体が塩漬けの状態で晒されたこともあった。

しかし、私たちの潜在意識には、何かしら残るものがあるのかもしれない。薄紅を引いた少女の幻影。冒頭で述べたような怪談が、今日もなお聞かれる。ましてや戦前の日本橋には、まだ古い記憶が生きていた。それが昭和初期に大がかりな幽霊事件という形で一気に噴出したこともあったのである。

＊

昭和七年（一九三二年）の暮れ、白木屋の大火事で日本橋は騒然となったが、奇妙な事件が起きたのは、その二日後のことである。明け方に日本橋界隈を歩いていた通行人が、神田堀にかかる火除《ひよけ》橋の下から、ポッ、ポッ、と怪しい炎が上がるのを見た。

「石油でも出たか……」と最初は冗談まじりに思ったが、そのうちに次々と通行人が足を止め、「第二の八つ切り事件ではないか」と言い出した。この年の三月に起きた〝玉の井バラバラ殺人事件〟のことが人々の脳裏をよぎったのである。

何かと物騒な世相ゆえ、また誰かが死体を埋めて燐《りん》が燃えているのではないか。そんな噂を聞いて人が集まり、やがて橋の上は群集で埋まってしまった。騒ぎを聞きつけた巡査が出動して交通整理にあたったが、やれ帝都の怪奇だといって野次馬の数は増えるばかりである。新聞各社もこの騒動を一斉に報じた。

橋の下に現れる火の玉を確認した警察は、川の中を棒でかきまぜたりして調べたが、正体はわからなかった。一、二分おきに炎が上がっている。

「このあたり、昔から火事が多かったな……」

野次馬が口々に噂したのは、火除橋の因縁譚である。そもそもいわくつきの場所だった。江戸時代には、神田から出た火が燃え広がって、日本橋まで延焼する火事がたびたび起きた。そこでこの場所に土手を築き、水路を開削して火除けとした。そこにかけた橋だから火除橋という。江戸時代の火災の犠牲者がまだ埋まったままらしいという噂は、かねてからあったが、因縁はそれだけではない。火除橋の日本橋寄りには、伝馬町牢《ろう》屋敷の跡がある。江戸三百年の牢獄。血塗られた現場である。

明治になって牢屋が廃止された後も、その跡地は不浄の地とされていた。処刑された罪人の死体は裏門から小塚原《こづかっぱら》に運ばれるのが常であったが、ひょっとして隣接する土手に死体を埋めた例もあったのではなかろうか。いや確かにあったと聞いている……その種の説は、昭和戦前には、まだリアルな噂だった。火除橋の怪火は、打ち捨てられた罪人の亡魂に違いない。そのような説が浮上するのは時間の問題だった。

現在の伝馬町牢屋敷の跡地は、十思《じっし》公園という中央区立の公園になっている。昭和二十年（一九四五年）の東京大空襲では、多くの死体がこの公園に運ばれて身元探しが行なわれた。牢獄跡が死体安置所というのも何やら因縁めいている。かつては隣接して小学校があったが、廃校後に校舎を改修し、十思スクエアという複合施設に生まれ変わった。そこが牢屋敷時代の表門にあたる。

処刑場の跡地には、大安楽寺がある。そこに延命地蔵という地蔵尊がある。ちょうどその位置で斬首《ざんしゅ》が行なわれていた。明治八年（一八七五年）に刑務所が市谷に移転してから、跡地は民間に払い下げられたが、買い手が付かずに原っぱとなった。

明治時代に〝牢屋の原〟といえば、泣く子も黙る忌《い》み地であった。だが、それゆえに不浄を祓うための祭りもこの地で行なわれた。日本橋で生まれた女流作家の長谷川時雨は、子供の頃、周囲の大人が何かというと手垢《てあか》のついた怪談話をしていたという思い出話を書いている。そういう土地柄だった。牢屋の原を舞台にした高座では「かあいやそなたは迷うたなァ」といって人魂なんぞを揺らし、陳腐な幽霊が「うらめしや」と出る。

「だが、あたしはぞくぞく怖がつた」と長谷川時雨は回顧する。

「いま考へると、中々策師だつたといへる。江戸人の――いえ、当時の日本人の誰にも感じられる、厭《いや》な連想をもつた、場処がらである」（『旧聞日本橋』岡倉書房・昭和十年刊）

仕掛けや語りはどうでもいい。土地の記憶があれば、怪談のリアリティは担保される。江戸三百年の負の名残を連想して、ネタがちゃちでも客の方から慄《おのの》いたというのである。

「人情の弱点の怖いもの見たさ、客は昼も夜も満員」という有様だった。

火除橋は、いまどうなっているのか。この橋がかかっていた神田堀すなわち竜閑《りゅうかん》川は、昭和二十五年（一九五〇年）にGHQの都市政策によって埋め立てられた。当然、橋もなくなった。

*

神田堀の起源は、江戸時代初期に幕府が防火用の土手を築いた折、堀を開削して日本橋川から水を通した人工の水路である。開削年は元禄四年（一六九一年）説もあるが、『御府内備考』は元和二年（一六一六年）説を紹介する。「とにかく古き堀なるべし」と記している。明治時代に川幅を増築して「竜閑川」と名づけたが、資料によって表記が「竜閑」だったり「龍閑」だったりする。『東京府志料』は「龍閑橋」の項目で「龍」の字を使っているが、説明の本文にはこう書いてある。

「此地ハ、昔、井上立閑《りゅうかん》草創ユヘニ橋名トス。後竜閑ト書改ム」

なぜか「竜」の字を使っている。さらに調べてみると、昭和戦前の地図では「龍」の字を使い、『続江戸砂子』と『御府内備考』も「龍」の字であるが、江戸の切絵図では「竜」の字が使われている。

参考までに『新字源』を見ると、「竜」は「龍」の省略形とあるが、『字統』の解説では「竜」を「龍」の初文としている。文字の古形は「竜」で、正字が「龍」ということらし

上：竜閑川の火除橋跡地。写真の手前から向こう側にまっすぐ伸びている路地が竜閑川の跡である。往時の川幅は小舟が通れるほどで、現在の路地よりは広かった。道の十字の辺に火除橋がかかっていた。左手が神田、右手が日本橋である。

左：大安楽寺の延命地蔵。斬首場のあった位置に建っている。台座には「為囚死群霊離苦得脱」という山岡鉄舟の筆になる文字が銘されている。繁華街にあって、この地の霊気は特異である。通勤時に足を止め、地蔵の前で頭を垂れる人は多い。

十思公園裏口。牢屋敷の跡地である。伝馬町牢屋敷があった時代には、現在の公園裏口あたりに火除橋側の門があったと推定される。史跡探訪の折には、大安楽寺の処刑場跡地や公園内の記念碑などに注意が行きがちだが、裏口付近もまた独特の妖気が漂う。

奉納
田中恒三郎
田中美也
奉納
田中恒三郎
田中美也

いが、「竜閑川」の場合は、もともと地元の名士だった井上立閑という人物の名前に由来する。したがって本来は「立閑川」と名づけられたはずであるから、後に当て字として変化した文字表記に深い意味はなさそうだ。ただ、ドブ川に「龍」の字はいささか大げさと思えるので、私はさしあたり「竜」の表記を使っておく。

さて江戸時代の神田堀（竜閑川）は、東西に伸びて日本橋と神田の境界となった。この地区割りは、いまも継承されている。竜閑川の跡地は現在、細い路地になっているが、この路地が中央区と千代田区の区境である。火除橋があったのは、現在の十思スクエアから道を挟んだ神田寄りのあたりで、狭い十字路になっている。往時の面影はまったくないが、何やら寂れたムードが漂う。

火除橋の跡地から日本橋本町四丁目にかけては、いかにも場末の雰囲気である。実際、場末には違いないが、昔は幽霊が出たのだろうなと妙に納得してしまう趣である。『武江年表』によると、神田明神祭の神輿《みこし》は、神田橋から竜閑橋を渡って日本橋本町に出たという。本町四丁目の通過は避けた。なぜだろうと思って調べると、『江戸砂子』の「本町四丁目」の項目に「此辺むかしの仕置場と云伝ふ」と記録されていた。これが理由らしい。

その昔、本町四丁目に刑場があったということだ。この説は『御府内備考』も記録しているが、各文献の引用元が『事蹟合考』なので、それを見ると、こう記されていた。

「御入国以前までは、本町四丁目梟首場《きようしゆば》にてありしよし、これによつて、山王、明神の両祭礼ともに、神輿ならびに練物等、且て今にいたり渡らざるなりといふ」

梟首場すなわち罪人の首を晒す刑場である。それは天正年間まで存在し、徳川家康が江戸に入って以後に廃止された。家康の入国後、牢獄は江戸城の外郭、いまの日本銀行の近くの常盤橋公園のあたりに設けられた。それをやがて伝馬町に移転し、北条氏の統治下にあった頃の刑場を廃したということだ。

処刑後の死体処理場（埋葬場ではない）は小塚原に設置した。重罪人の火刑などは鈴ヶ森で公開した。その状況が江戸期を通じてずっと続くが、江戸人は本町四丁目時代の刑場の記憶を長く保存していた。そして後世に伝えた。それを知っていることが徳川支配以前からの江戸の土着民の証《あかし》だったのかもしれない。とすれば、彼ら土着民は、いまはどこにいるのか。現在の日本橋にその姿はない。彼らは関東大震災で被災し、生存者は山の手や郊外に移住した。なおも地元に残った者は、東京大空襲でほぼ滅亡したと見られる。

＊

火除橋の怪火事件は、その後どうなったか。「罪人の死体が埋まっているらしい」という噂で持ちきりとなり、夜になっても何百人もの野次馬が押し寄せた。数名の巡査では対処できなくなった。堀留警察署から数十名の警察官が出動して緊急警戒にあたる騒ぎになった。狭い橋の上は、さながら満員電車のようになった。

怪火の正体については、東京帝国大学化学教室の柴田雄次教授が、当時の新聞にコメントを寄せている。「リン化水素だろうが、薬品が捨てられた可能性もある」とのことだった。現場を視察した警視庁保安課の技師も、川底にある動物の腐乱死体がリン化水素を発生させていると見て本格的な調査を行なった。結果、動物の死体は見つからなかったが、付近に薬品問屋が多いことから、何らかの理由で薬が川に流れ込んだものと判断された。大きな影響はないとして、怪火はそのまま放置された。事件は二日で解決した。

当時の『報知新聞』は、江戸時代に火除橋のたもとで斬首が行なわれていたという言い伝えを記している。あくまで伝承だが、すべての処刑が記録に残されたわけではないので、あながち出鱈目《でたらめ》ともいえない。文字化されなかった江戸の記憶は、色褪《あ》せたモザイクのようになりながらも、昭和戦前までは残っていた。関東大震災の後、新規都市開発で空前の大都会に変貌した東京は〝モダーン〟という言葉の流行とともに多くの物や記憶を失った。そんな中で突然起きた火除橋の怪火事件は、江戸最後の土着民が過去の名残に思いを馳《は》せた、真冬の夢の二日間であったのかもしれない。

日本橋。「お江戸日本橋七つ立ち」の歌で名高い国の重要文化財である。橋の上を通る首都高速道路が景観を台無しにしている。日本橋のエリアは昔から金融街で、江戸期には浅草弾左衛門が闇金商売を取り仕切っていた。

滝の広場入口。日本橋のたもとに、そっけない名称の空間が、ぽっかり開いている。どこにでもある休息所のようだが、あらためて眺めると、なぜこの場所にこんな空き地があるのか不自然にも思える。実は、知る人ぞ知る、江戸時代の刑場跡である。

水の女と、魔の淵と

……荒川放水路

六阿弥陀《ろくあみだ》詣でに出かけてみると、驚くほど人に会わない。荒川の土手は、日が暮れると何も見えなくなる。江北橋の明かりだけが、ぽつんと空に浮き上がる。

昭和の初期、永井荷風が寂寞《じゃくまく》を追い求め、この地にたどりついたと随筆に記している。市中の喧騒な優越人種から逃れられる無人境がこの土地だった。

その当時、つまり昭和十一年（一九三六年）の江北橋の北詰には、すでに乗合自動車が往復していたが、六阿弥陀と大師堂へ行く道しるべの古い石は残っていたという。もっとも、荷風が歩いた江北橋は、今日とは位置も違い、まだ木橋だったはずである。

このあたりの土地は、古くから水害と隣り合わせであった。六阿弥陀なるものも、その昔に足立姫と呼ばれた豪族の娘が入水《じゅすい》したという橋姫伝説の類いに由来している。

この伝承は、古代に荒川を挟んで勢力を分け合った足立氏と豊島氏の政略婚にまつわる犠牲譚である。姫君は嫁ぎ先でいじめに遭い、苦悩の末に荒川に身を投げた。その際、侍女十二人も相次いで入水し、殉死を遂げたという。この話が後世まで人の心を打ち、伝承のゆかりの寺を巡ることが江戸期に大いに流行《はや》った。それが六阿弥陀詣でである。

姫君の墓と称されるものが江北橋近くの性翁《しょうおう》寺にある。また船方《ふなかた》神社の十二天塚は、殉死した侍女たちの慰霊塚と伝えられている。かかる伝説が残るのが荒川流域なのである。

＊

江北橋に幽霊が出るという話は、新聞ネタにもなって騒がれたので、知る人も多いかもしれない。かつて幽霊事件が勃発した折、濡れた女がドライバーを惑わすというので、私もしばしば出かけて出現を待ったことがある。

まだ木橋だった時代から、その手の話はあったというが、新しい橋になってからも不可解な事故が起きて幽霊話が蒸し返された。それが思いのほかに大きな騒動になったのは、昭和六十一年（一九八六年）のことである。

事の発端は、前年十二月十三日に起きた事故にあった。

その日の夜九時十五分頃、江北橋を渡る乗用車がいきなり対向車線に突っ込んだ。欄干《らんかん》を破って河原に転落し、運転手は重傷、助手席の人は死亡した。それから九日後にも、ほとんど同じ場所でダンプカーが欄干を破り、川に転落した。現場は見通しのよいまっすぐの橋であるから、転落事故が立て続けに起きるというのは考えにくい。しかし翌年の一月八日にも、同じ場所で運転をあやまった乗用車が橋の欄干から宙吊りになるという事故が起きた。

かねてから地元では不気味な噂が囁《ささや》かれていたが、不可解な事故が連鎖するに至って、死者の呪いではないかという説が一気に噴き出した。世間を騒然とさせる中、同年二月に供養祭が行なわれた。

当時の江北橋は、破損した欄干に網が張られているのがなまなましく、緊迫した空気が漂っていた。橋を渡る途中でドライバーが急ハンドルでも切らなければ、常識的には一連の事故は起こり得ない。ましてや欄干を突き破るというのは異常である。警察はさしあたり運転ミスという見解だったが、なぜ江北橋で初歩的な運転ミスが連続するのか、まともな答えは聞かれなかった。

当時私は、深夜の人気《ひとけ》のない江北橋で、一人幽霊の出現を待ちながら、ある光景を思い浮かべていた。荒川に身を投げた姫君と侍女たち。彼女たちが実在したのかどうかは明らかではない。足立姫なる人が、足立から豊島に嫁いだのか、逆に豊島の姫君だったのかも、諸説あって定かではない。いまに残る墓や塚にしても、もとはそれらしき遺跡があったのかもしれないが、現存する石碑が本物の墓とは思えない。

だが、事故の連鎖という思わぬ形で現代に蘇《よみがえ》るような伝説には、そこはかとなく真実の

入口から見た江北橋。本当にまっすぐの橋なので、かつて起きた連続事故は、やはり不可解である。夜は車の通りも少なく、奇怪な静寂が漂う。

舩方神社の入口。神亀２年（725年）の創設といわれている。もともと十二社と呼ばれ、熊野信仰と関連が深い。神社内に数奇な伝説を持つ十二天塚がある。

匂いがするのである。忘れさせまいとする力が、この伝説にはある。古い伝承を生かすのは、常にそのような実感である。私はこう思う。中世の荒川流域に住んだ人々にとって、忘れようにも忘れられない麗人がいたのではないだろうか。その人は、氾濫《はんらん》をくりかえす川を鎮めるために、衆目の前で自らの身を神に捧げた。次々とその後《あと》を追う侍女たちの確信に満ちた死の光景が、後世まで衝撃的に語り継がれたのではないのか。

＊

豊島氏というのは、太田道灌《どうかん》に滅ぼされるまで、現在の東京一帯の領主だった名族である。もとは秩父に住みついた桓武平氏の血を引き、一族の名を高めたのは源頼朝に仕えた名将・豊島清元《きよもと》である。清元は、早世した子供の菩提《ぼだい》を弔うために荒川の近くに寺を建立した。これがいまもある清光寺だが、この寺の存在は、荒川で入水した麗人が清元の娘であったことを暗示している。江北橋の幽霊事件は、中世に起きた凄絶な集団入水の記憶をベースにしながら、荒川という暴れ川に凝縮された無数の死者たちの怨念を映したものではなかったか。そんなことを考えながら、私は荒川の土手を歩いてみた。

いま私は〝荒川〟と書いているが、この川の流れと名称には紆余曲折《うよきょくせつ》がある。江戸期以来の河川の付け替え工事で、その姿と呼び名は変化した。古くは後深草院《ごふかくさいん》の女房二条《にじょう》の日記『とはずがたり』に入間川という名が見える。現在の入間川は荒川の上流にあたるが、中世では隅田川の上流にあたり、近世の工事で荒川との付け替えが行なわれた。二条が入間川と呼んだのは、現在の新荒川大橋の付近である。そこには奥州への往還路とつながる渡し場があった。

二条は日記の中で、岩淵の宿に遊女がいたと記録している。その場所は、現在の東京・北区岩淵町にあたる。その岩淵の付近で、川の流れは水門にさしかかり、荒川と隅田川に分岐する。いまの隅田川は、もとは荒川の本流であって、いま荒川と呼んでいるのは、戦前に建設された人工河川である。ややっこしい話だが、要するに現在の荒川というのは、昔からある自然の川ではない。人工の放水路である。だから昔は荒川放水路と呼んでいた。その方がわかりやすい。永井荷風がこの地を書いた随筆の題も「放水路」であり、戦後にこの地で騒がれた猟奇事件も「荒川放水路バラバラ殺人」と呼ばれたのである。

荒川放水路は、昭和四十年（一九六五年）から、単に荒川という呼び名になった。名称はすっきりしたが、歴史はわかりにくくなった。いまの荒川を古来ある自然の川だと思っている人は案外多いかもしれない。だから本稿では荒川放水路もしくは放水路と呼ぶことにする。

そこで、その放水路で起きたバラバラ殺人の話だが、この事件が発覚したのは昭和二十七年（一九五二年）五月十日のことである。川辺に胴体があり、後に首や腕が見つか

上：足立姫の墓。荒川に入水した姫君の墓と称する遺跡である。「足立姫之墓」と刻まれた石碑は新しいものだが、裏に古びた墓碑のようなものがある。

左：足立姫墓所案内塔。江北橋からほど近い、足立区扇の性翁寺に、入水した姫君の墓がある。江戸時代には六阿弥陀詣での参詣客で賑わった。

十二天塚。北区堀船の船方神社にある。足立姫に殉じた12人の侍女を祀ったともいわれるが、六阿弥陀詣での流行により侍女殉死伝説と結び付けられた可能性がある。

足立姫墓

った。この事件は、被害者が警察官であり、犯人がその内縁の妻の小学校教師とわかって世間を騒然とさせた。犯罪の中身としては、夫の暴力に耐え切れなくなった妻が刃物を持ち出したという平凡なものだが、今日でも同類の事件が起きると、報道は決して平凡にはなり得ない。近年ではセレブ妻殺人と呼ばれた夫殺しが同じ類いの事件である。

いったい日本の歴史上に退廃していない時代などがあったかといえば、おそらくなかったのではないかと思う。ただし時代によって退廃の特色は異なり、たとえば大正から昭和初期にかけての退廃ぶりには、江戸後期の退廃ぶりを回顧するような気分があった。

江戸を回顧する動機には、近代への疑念がある。大正から昭和にかけての時代に、庶民の実生活と国家の近代化との齟齬《そご》が浮き彫りになった。急速な変化を強《し》いた明治という時代が終わり、人々の意識から緊張感が抜けたのである。

思えば維新当時に旧江戸の庶民は、明治を〝治まるめい〟と読んで新時代の幕開けにそっぽを向いた。それでもなお庶民が近代化路線をおおむね肯定したとすれば、それは日清・日露戦争の勝利で浮かれたことと、攘夷《じょうい》という目標が生きていたことによる。しかし、日本は世界の一等国になったという自負とは裏腹に、気がつけば社会は経済的な格差が露骨になっていた。明治の終焉《しゅうえん》によってカリスマなき時代に入ると、近代の矛盾を隠せなくなった。

大正期の女学生は、自分のことを〝ぼく〟とか〝おれ〟とか呼んで、世の大人をうんざりさせたという。この些細なエピソードは、それなりに時代の空気を伝えている。ダンスホールで踊りふけって大正天皇の崩御を知らなかった人々がいる。この話にしても、戦前という言葉一つでは括《くく》れない世間の空気があたりまえのように存在したことを象徴している。大正期に編纂されて昭和初期に増補された『歩兵第一聯隊史』を読むと、そもそも連隊史が編まれたこと自体、近代という時代が地割れを起こし始めたことへの焦燥を動機としていたことがわかる。新入りの兵士は、すでに日露戦争も知らなかった。輝かしい帝国陸海軍の歴史といってもピンと来ない若者が増えていたのが〝戦前〟と呼ばれる時代の実態だった。それを憂慮して計画されたのが連隊史の編纂事業だったのである。

東郷平八郎という生ける伝説の病状が悪化していることを、昭和九年（一九三四年）上半期の新聞は連日伝えていた。このとき庶民は、自分たちを無意識のうちに支えていたものが何だったのかを、少しは考えたかもしれない。しかし、もはやその支えは崩れようとしていた。巨星の消えゆく情勢に戸惑うように、世間はモラルを喪失していく。学校では女性教員の派手なファッションが「モダンガール顔負け」と呆れられていた。白木屋のビルから飛び降りて死んだエレベーターガールの男関係を世間はあれこれ詮索《せんさく》した。凶作地の娘を装って同情を引きながら悪事を重ねる女強盗が出没したのもこの年である。強盗の正体は九歳の少女とわかり、新聞には「末恐ろしい小悪魔」の見出しが躍った。

殺人死体損壊事件が〝バラバラ殺人〟という新語で表現されたのは、昭和七年の玉の井バラバラ殺人事件からとされる。その後も昭和十一年の阿部定事件、昭和十三年の津山三十人殺しなど、歴史的な猟奇事件が昭和初期に続発した。荒川放水路バラバラ殺人は、その退廃的な色合いにおいて戦前の事件史の延長線上にある。加えて、放水路という現場そのものが、戦前の因縁を引き継いでいた。ありていにいえば、そもそも荒川放水路は、戦前から名の知れた心霊スポットだったのである。

＊

明治四十三年（一九一〇年）八月に、関東地方は豪雨に襲われ、大水害が発生した。東京の下町は泥の海と化した。死者・行方不明者は四百人を超え、事態を重く見た明治天皇はお見舞いの勅使を現地に派遣した。この惨事を機に、川の氾濫を防ぐべく荒川放水路の建設は始められた。二十年に及ぶ近代有数の大工事だったため、摂政時代の昭和天皇も水門の建設現場を視察している。

その一方で放水路は、完成する前から殺人による死体や赤ん坊の捨て場所になっていた。夏になると水死人も出る。〝魔の荒川放水路〟と呼ばれたのが昭和二年（一九二七年）のことである。

旧水門から見た荒川。晴れた日は本当に景色もよく、絶好の休息地だが、このエリアでかつて幽霊事件が勃発した。写真の彼方に見える橋が新荒川大橋である。

摂政宮記念碑。摂政時代の昭和天皇が、この場所から水門工事を視察した。記念碑には「攝政宮殿下御野立之跡　大正十三年十月廿五日」と刻まれている。

そしてその三年後、昭和五年に東京・板橋で岩ノ坂もらい子殺しが発覚する。貧しい人々が住む地域に里子に出された赤ん坊が、ろくに育てられずに次々と殺されていた事件である。発覚当時に犠牲になった赤ん坊は七十三人と発表されたが、通説では四十一人といわれている。ちなみに、同じ年にもらい子大量殺人は他にも起きており、岩ノ坂の事件だけが特殊だったわけではない。というより、闇のもらい子商売というものが伝統的にあっただけである。

岩ノ坂の事件をきっかけに、内務省社会局は警視庁と協力して、児童監護会なるものを発足させた。あまりにも恐ろしい世相だからという理由で〝子供の権利確立に関する法律案〟を議会に出すことになるのだが、このカマトトぶりが実に胡散臭《うさんくさ》い。

昔から枚挙にいとまがない〝もらい子殺し〟を新聞がわざとらしく煽《あお》ってから、それを口実に内務省が腰を上げるという段取りである。要は報道が当局に法律をいじる言い訳を与えるという今日と同じ構図である。もらい子殺人のみならず、この時代には少年少女の誘拐事件も頻発していた。多くが闇組織による売り買いである。子供を地獄宿に売ったり、見世物芸人に渡したりという行為は日常的に行なわれていた。貧困層が犯罪に走る格差の問題にしても、闇社会と癒着する政治家の利権問題にしても、世の中の構造的な問題であって、世相が突然恐ろしくなったわけではない。子供の権利というフレーズは、この時代から水戸黄門の印籠《いんろう》よろしく使われていた。問題の本筋をずらすのに利用されていたのである。

かくして昭和初期の荒川放水路には、腐った赤ん坊が浮かんでいた。小さな死体が発見されるたびに、またしても、もらい子殺しかと騒がれた。放水路は〝魔の淵〟の名をほしいままにした。昭和九年には、放水路での水死事件が毎日三、四件ずつ起きていた。そして、この年の八月十六日のこと、王子に住む四人の男児（いずれも八歳）が岩淵水門付近で泳いでいたとき、いつのまにか人数が一人足りなくなった。

「おばさん、仁吉ちゃんが見えなくなったよ」

友達が下駄と着物を持って家人に伝え、地元は大騒ぎになった。前日に続く失踪事件だったからである。仁吉が消えた放水路の現場では、前の日に行方不明になった十八歳の少年の捜索が行なわれていた。夕方になって仁吉は、川底に沈んでいるのが見つかり、息を吹き返すことはなかった。前日にいなくなった少年も、ほとんど同じ場所で死んでいるのが発見された。警察が現場に水泳禁止の立て札を立てたのは、その翌日のことである。

事故が続発した水門付近には、背の高い葦《あし》が茂っていた。そこで泳いでいると、葦の向こうから「おーい」と呼ばれる。何だろうと思って声の方に泳いでいくと、水底に引き込まれてしまう。

かねてから囁《ささや》かれていた噂だが、現実にその場所で一日に二人の水死体が見つかったことで、怪談はリアリティを帯びた。死霊に呼ばれた少年が、寂しさに耐えかねて仁吉を呼んだのか。そんな噂がまことしやかに伝わるほどに、このスポットでの事故は偶然とは思われなかった。戦後に多摩川調布堰《せき》で同種の怪談が噂され、〝日本版ローレライ〟といわれたものだが、荒川放水路では戦前からその手の話が広まっていたのだ。

こうした怪談の伝わる場所で、昭和二十七年にバラバラ殺人が起きた。事件当時に警視庁刑事部捜査一課長だった浦島正平によると、死体の第一発見者は、地元に住む八歳の女子児童だった。五月十日の午前十時頃、女児は三人の友達と河原を通りかかったとき、新聞紙に包まれた人の胴体を見つけた。「お化けだ、お化けだ」と叫んで近所の人に知らせたというが、これは単に死体の比喩として言ったのではないだろう。放水路の怪談を日頃から聞いていたから、思わず〝お化け〟という表現になったものと思われる。

昭和三十年に、地元警察はあらためて放水路の水泳危険区域を定めた。新荒川大橋から岩淵水門までの約一キロが対象となった。当時その区域で泳ぐ人が多く、水質悪化の面からも遊泳禁止が呼びかけられたが、聞く耳を持たない人も多かった。橋の下と水門付近には深みがあり、そこは戦前に幽霊の呼ぶ声が聞かれた場所でもある。

いまでも旧水門（赤水門）に隣接する公園を心霊スポットと呼ぶことがあるようだが、

旧岩淵水門。大正13年に完成し、現在は歴史的建造物として保存されている。門の色から赤水門と呼ばれる。一説に心霊スポットともいわれる。

江北橋。およそ幽霊の出そうにない近代的な橋だが、夕暮れ時から橋の下あたりに暗い雰囲気が漂い出す。

単に夜は暗いというだけではなく、それなりの事情があるのは確かである。

新岩淵水門。昭和 57 年に完成した新水門。門の色から青水門と呼ばれる。こちらが現役の水門だが、岩淵水門といえば現在も旧水門（赤水門）を指す場合が多い。

新荒川大橋。東京と埼玉を繋いでいる。埼玉にある同名の橋とは別に、昭和 46 年に造られた。この付近もかつて水難が多発したことから心霊スポットといわれることがある。

追ってくる屍体

中川鉄橋

稲川淳二が語る怪談に「生首」という話がある。

福岡に住む八十二歳の男性が、若い頃に体験した逸話として語られる。

戦後まもない頃、男性は川で夜釣りをしていた。魚籠《びく》の代わりに使っていたザルの中を見ると、血まみれの生首が睨《にら》んでいた。近くの鉄橋で自殺を図った女がおり、切断された首が偶然にもザルの中に飛び込んだ。橋の上では首をなくした胴体が痙攣《けいれん》し、手足をばたつかせて「カーン、コーン、カーン、コーン」と鉄塔を叩いていた。

戦慄の瞬間を切り取って鬼気迫る話である。

稲川怪談の中には「追ってくる上半身」という話もある。これは「生首」とは全然別のエピソードだが、後に述べる理由から、私の脳裏では同じカテゴリーの話として繋《つな》がってくる。

山中の不気味な屋敷に忍び込んだ子供が、得体の知れないものを目撃する。上半身だけの女が、這《は》いながら追ってくる。その昔に何かがあった屋敷らしく、近づいてはいけないといわれていたが、そこは子供のことなので、つい足を踏み入れてしまった。追ってくる女の正体はわからず、話は不気味な余韻を残して終わる。この事件の体験者は、化け物に出くわしたときはなぜか怖くなかったが、幼児期の記憶として保存され、後に思い出してゾッとしたという。体験者が稲川にそう語ったという話である。

幼い頃に見た不思議な現象の正体を、大人になってからあれこれ考えて、いったい何だったのかと首を傾げることがある。子供の頃には、なぜか突拍子もないものを見たり聞いたりするものだ。そして、それがどうやら個人的な体験に留《とど》まらず、他人も似たような体験をしていることに気づくことがある。「追ってくる上半身」という話は、実に多くの人の記憶の中に棲むらしい。一九九〇年代に様々なシチュエーションで語られた怪談である。

私がこのパターンの話を最初に知ったのは、いつだったか、正確な記憶はない。何かで読んだのか、誰かから教えられたのかも不明である。しかし、人に話すと誰もが「その話は聞いたことがある」と応じる。九〇年代にはすでに一人前の都市伝説として確立していた。

その当時のことだが、私は東京の西武新宿線にある野方《のがた》という駅に近い踏切で、この伝説のもとになったような出来事が起きたという話を本に書いたことがある。何十年も前に怪談そのままの事故が実際にあったという話である。たしか飛び込み自殺だったと思うが、電車に轢《ひ》かれて腰から下をなくした女がいた。助かる見込みはなかったが、まだ息があり、上半身だけで動いていた。救急隊員が励ましながら病院に運んだという。

都市伝説ではなく、事実そういう出来事があったというので、かつて『東京近郊怪奇スポット』という本に書いた。戦時中の空襲時にも、似たことがあったという記録はあるようだが、鉄道事故の話の方が怪談のイメージと重なるところが多い。そのこともあって、私の脳裏に描かれる「追ってくる上半身」の話というのは、稲川怪談の中でいうと、むしろ「生首」で語られるシチュエーションに近いのである。

＊

追ってくる上半身の話が、鉄道での人身事故に端を発した怪談ではないかと思うのは、私が知るかぎり西武新宿線の踏切だけではなく、ＪＲの中央線や、常磐線の沿線でも、似たような出来事があったからである。中央線での飛び込み自殺が多いことはよく知られているが、かつては常磐線の方が有名だった。いまでも自殺は多いようで、先日も常磐線に通じる地下鉄に乗っていたら、人身事故の影響で云々というアナウンスを聞いた。

中央線が西東京から都心への通勤路線であるのに対して、常磐線は千葉方面から都心への要路である。新宿や渋谷で夜な夜なたむろしている子供たちがどこから湧いてくるのかというと、いまは中央線の西の方からというケースも多いのだが、かつては常磐線の東の方からはるばるやってくるのが常だった。

この路線にまとわりつく独特の翳《かげり》は、戦後の重大事件の舞台になったこととも関係する。古くは下山事件があった。三河島列車衝突事故という惨事もあった。首都圏連続女性殺人事件の舞台であったり、悲惨極まりないコンクリート殺人が起きたり、警察庁長官狙撃事件も起きたエリアである。金町駅には、いまだに解決しない女子大生殺しの情報を求める看板が立っている。そうしたエリアを往復する営みの中で、常磐線という路線は凄みを磨いてきたのだろうか。考えてみれば、そもそもこの線路というのは、小塚原刑場のあった土地を分断しているのであった。

平成十八年（二〇〇六年）三月、常磐線の千住一丁目踏切で、接近してくる快速電車の前にやおら飛び込んだ女性がいた。遮断機をくぐって踏切内に駆け込んだ様子から、無理に渡ろうとしたのではないかともいわれたが、警察では自殺の線で処理した。

この事故以後、私は常磐線で人身事故のアナウンスを聞く機会が増えた。あの女性の呪いだろうか、などと考えながら、少し注意して様子を窺《うかが》っていると、やはり常磐線での自殺のニュースがやたらと耳に入ってくる。

平成二十年（二〇〇八年）には、正月早々に北千住駅のホームから飛び降りて轢死《れきし》した六十二歳の男性がいた。その一ヶ月後には、柏駅のホームから飛び込んだ女性がいる。この人は十九歳の派遣社員だった。その一週間後には、千葉県我孫子《あびこ》市の天王台駅で二十六歳の女性が線路に飛び込んだ。この人は自殺だったのか、あやまってホームから転落したのか、はっきりしない。さらにその二ヶ月後の四月には、千葉県松戸市の北小金駅で男性が飛び込んだ。右足を切断したが一命は取り留めたという。この駅では七月にも同じ場所で、十五歳の少女が電車の前に身を投げ、即死している。

かくしてこの路線のどこに幽霊が出ても不思議ではないのだが、その昔に常磐線の線路で上半身の幽霊が出たという場所は、金町と亀有の間あたり、ちょうど中川を渡る鉄橋付近である。目撃者は運転士であり、それなりに根拠のある怪談である。

中川という素っ気ない名前の川は、もとをたどれば荒川と利根川の本流だった。江戸時代以来の河川の付け替え工事によって、地形が変遷し、現在の流れになっている。水は汚いが、周辺の風景はのどかなもので、ちょっとした散策にはよい。

この中川と分岐して江戸川に流れ込む新中川は、現在の荒川と同じく人工の河川である。荒川放水路の開削後、昭和になっても水害がくりかえされたため、新たに工事が進められた。かつては中川放水路と呼んでいた。この放水路の開削に合わせて開通したのが京葉道路である。当時は画期的な自動車専用道路だったが、開通に伴って新中川にかけられた一

中川鉄橋。東京の葛飾区を流れる中川周辺は、昼間はのどかな雰囲気で、散策に適している。しかし、かつて金町駅と亀有駅の中間地点にかかる鉄橋で自殺事件が起きた折、死体捜索中の刑事たちを震え上がらせる怪事が勃発した。

中川鉄橋下。刑事たちが死体捜索を行なった現場付近は、よく晴れた日中でも仄暗いムードが漂う。ときおり作業船が通過すると、大きな波が土手に打ち寄せる。

之江橋付近で交通事故が多発した。高度成長期には幽霊が頻繁に目撃された場所である。
そして一方の常磐線の中川鉄橋でも、京葉道路開通の年に、怪奇な事件が勃発していた。
次に述べるこの事件が、後々まで現場に上半身の幽霊を浮遊させることになったのである。

*

昭和三十五年（一九六〇年）七月のある夜、常磐線の中川鉄橋で飛び込み自殺があった。死んだ男性は、右肩から左わき腹にかけて斜めに切断された。現場の線路には、右手のついた胸から下の胴体が横たわっていた。

西新井警察の刑事が現場を検証し、とりあえず胴体部分を署に移管した。頭部のついた左肩は川に落ちたと思われたので、翌日に捜索することにした。あくる朝、三人の刑事がボートに乗って中川の現場付近を往来しながら死体の半分を捜したが、なかなか見つからない。やがて刑事の一人が碇《いかり》を下ろしたとき、バランスを崩したボートが転覆してしまった。三人は川に投げ出されたが、なんとかボートを起こして、這い上がることに成功した。

びしょ濡《ぬ》れの刑事たちが再び捜索を始めたとき、何の弾みなのか、ボートが大きく揺れて三人はまたしても川に落ちてしまった。

「おいおい冗談じゃないよ。まさかホトケさんが呼んでるのか？」

そんなことを言いながら、二人が先にボートに上がり、まだ水に浮いている一人を救助

遊泳禁止の看板。川の土手には水遊びを禁じる看板が立つ。道端には空き缶が転がり、夜な夜なたむろする人々がいるようだ。夏場になると遊泳禁止区域でも水に入る人がいるという。危険と知りつつ自殺霊の手招きに応じてしまうとでもいうのだろうか。

中川鉄橋自殺現場。橋の上を通るのはJR常磐線である。この付近の線路上に轢断された男性の幽霊が出たのを運転士が目撃したという。

しようとしたとき、その刑事の背中に絡みつく手があった。皺《しわ》のよった白い手。轢断された死体の半分が、刑事の腰にへばりついていた。一同は目を見張ったが、そこは職業柄、冷静に時計を見て死体発見時刻を確かめた。ちょうど正午だった。

岸に戻って、署に死体発見の連絡を入れると、電話に出た係長がいう。

「たったいま監察医が来て、下半身部分の検視を始めたばかりだ」

検視の開始時刻は正午だった。手のついた上半身が発見された時刻と同じとわかり、日頃から修羅場には慣れている刑事たちも、鳥肌がたつ思いがしたという。

この事件は、「ボートが二度転覆／まつわりつく白い手」などの見出しで報道された。それによると、自殺したのは亀有に住む十八歳の工員で、前日から捜索願が出されていた。彼は電車で松戸まで行った後、線路を歩いて中川鉄橋まで戻ってきたところで電車に轢かれたらしい。車内に残された鞄から遺書が見つかった。

「生きる望みを失いました。最初にこれを見た人はボクの実家に教えてください」

そんな言葉とともに、実家の住所が記されていた。

彼が勤務していた会社では、近々本採用にしようとしていたとのことで、自殺の理由は定かではなかった。ちょうどこの時期、亀有で未亡人殺しがあったので、一時はその犯人ではないかともいわれたが、亀有署の捜査ではシロという結論だった。

警察署では自殺のことより、二度にわたるボートの転覆が話題になった。一度目は碇を下ろしたときの勢いだとしても、二度目の理由がわからない。まさか自殺男性の上半身が泳いできて、居場所を知らせるためにボートにしがみついたのか。心霊現象なのか、それとも上半身だけがまだ生きていたのか。そんな議論がなされたわけである。

この自殺事件のときに常磐線の電車を運転していたのは、井上という三十七歳の運転士だった。彼も後に警察から死体の話は聞いたらしいので、この逸話が広まるにつれて〝追ってくる上半身〟という怪談がヴァリエーションを増やしたとも見られるが、さらに調べてみると、この手の怪談は、実は明治時代から語られていた。

＊

「もうこれでかれこれ二十年余りもこんな事をやっていますから、いろいろな事に出くわします。いくら度々でも人殺しだけはいい気持ちはしませんな。今では自分の手で後片付けをせんで済みますから、さほどでもありませんが、火夫の時は実に閉口しました。火夫時代にはよくは覚えませんが、何でも三十人近くは轢いたように思われます」

明治四十年（一九〇七年）に発行された『趣味』という雑誌に、老機関手と名乗る人物の思い出話が載っている。原文の表記は当て字も多いので、適宜《てきぎ》読みやすく改めながら紹介する。表記以外は原文のままである。話の続きを聞いてみよう。

「ちょうど機関手になってから、もう後片付けをせんでよしという時になると、案外轢死人がなくなって、しばらくの間はもうあんないやな事はなくて済むかと思っていましたが、ある晩、浜から新橋行の終列車に乗り込んで品川近くまで来た時でした。何か車に触ったのですぐ車を止めました。その晩はちょうど朧月夜で、どうも怪しい晩だなと少し気になっていたのです。妙なもので、鉄道で同じ往生するなら闇の夜にやったらよさそうなものですが、どういうものですかね、私の長い経験の間では闇夜には一度もありません。これは人情の自然から出たものでしょう」

老機関手がいうには、人間は死ぬときでも闇の中は怖いらしい。かといって月があまり明るすぎても自殺の現場を人に見られる恐れがあるので、朧月夜の晩というのが鉄道自殺の起きやすいタイミングなのだという。ポンと撥ねてしまえば手応えはないが、車の歯に引っかかると、ほんの少しの肉片でもわかる。このときに轢いたのは二十歳ばかりの若者で、誰も片付けようとしないので、仕方なく老機関手が死体の処理を手伝ったという。

この老機関手は、主に赤羽線を任されていたらしく、岩淵で人を轢いた話が続く。荒川の岩淵水門に近いエリアである。赤羽線というのは、赤羽―池袋間の路線のことで、明治十八年（一八八五年）に敷設された当時は山手線の一部だった。現在では埼京線の一部だが、いまでも赤羽―池袋間を赤羽線と呼ぶことはある。

鉄橋下の急カーブ。橋の下には極端にねじ曲がる危険なカーブがある。取材時に待機している間、ここを猛スピードで通過する車を何台も見た。対向車と鉢合わせれば大事故になるのは必定だが、ドライバーの判断を狂わせてしまうのが魔のカーブたる所以なのか。

鉄橋下のガード。橋から線路に沿って歩くと、狭い通路が顔を覗かせる。人通りはほとんどない。ガードを抜けたあたりは、取材当時は再開発の工事中だった。

ちなみに開通当時の山手線や東北本線は、私鉄だった。西南戦争の出費で政府に金がなかったため、国際金融資本とつながる財閥などの私有資本で日本鉄道という会社を創設した。この民間会社が鉄道の敷設に当たった。日本鉄道が国有化されたのは明治三十九年(一九〇六年)のことである。

ところで、老機関手が披瀝《ひれき》する最後の話はこんな体験談である。

「もはや五六年前の事ですから、場所はよく覚えませんが、何でも夜の二時頃でした。またやったなと思って汽車を止めましたが、少し勾配《こうばい》のついていた所でしたから、四五十間《けん》も行って止まりましたので、早速飛び下りて現場へ行ってみますと、胴から上ばかりの体が両手をぱたぱたさせているのです。暫《しばら》くして動かなくなりましたが、轢いてから下りてここまで来る間ですから、大分長らくの間動いていたものと見えます。胴から下は四五尺も後ろの方にありまして、やっぱり上の方と同じ側にありましたが、引き切られたままに線路の反対側にありそうなものですに、何でも胴から上だけで手をぱたぱたさせながら這ったらしいのです。切れ口はちょうど鮪《まぐろ》の胴切れのようになっていましたが、血は少しも出ていませんでした。血が出なかったくらいですから、胴から上だけ神経作用で働いていたのかもしれませんが、何だか薄気味が悪かったのです。頭を見ると、ざん切りでしたが、その傍に鋏《はさみ》で髪を切ってありましたので、女という事もわかりました。何でも十七八位の

赤羽駅。明治時代に赤羽線を運転していた機関士が、不気味な事故を多々体験したという。現在では湘南新宿ラインが通るなど、便利な駅になっている。

女らしかったそうですが、死ぬる前になぜ髪を切ったものですか、訳がわかりません。とにかく身体が半分で這ったなどと思い出すと、その後二三ヶ月の間は良い気持ちはしませんでした」

老機関手は、自殺した女の素性が気になって、事情を知るために近所の家を訪ねてみたという。すると、女は居候先の親類の家で奥さんと折り合いが悪く、叱られることが多かったという話を聞くことができた。そこまで調べるほどの印象深い体験なのに「もはや五六年前の事ですから場所はよく覚えません」というのは妙なことである。死んだ女に配慮して伏せたのだろうか。いずれにせよ、たとえこの話が事実そのままではないとしても、〝追ってくる上半身〟の怪談に連なる話型は、いまから百年前にはすでに流布していたことになる。

桃色の幽霊

……………羽根木公園

昭和三十年代のこと、東京・世田谷区の北沢警察署で大掃除をやったとき、留置場の隣の看守休憩室に貼ってある古い御札の処置が問題になった。奥州の日高神社の御札であったが、誰が何のために貼ったものかは定かではなく、掃除のついでにはがしてしまおうという話になった。ところが、看守が躊躇《ちゆうちよ》してなかなか作業しない。何かのいわれでもあるのかと次長が尋ねると、できればそのままにしておく方がいい、という。

昭和二十年（一九四五年）五月二十五日の山の手空襲で、世田谷も被害を受けたが、そのときに警察署の建物に逃げ込んだ人々がいた。しかし、あたりが火の海になったものだから、建物からも脱出せざるを得ず、そのときに逃げ遅れた十八歳の娘さんが、ちょうど休憩室のあたりで亡くなった。それからというもの、夜な夜なすすり泣きが聞こえるというので、戦後まもない頃に誰かが御札を貼ったらしい。かつての大掃除のときにうっかり御札をはがしたところ、夜になって、看守の枕元から娘さんの顔が覗いた。だからこれはいじりたくない……というのが看守の打ち明け話であった。

次長はなるほどと頷《うなず》きながらも、非科学的な理由で掃除を中途半端にすませることにも疑問を感じたのか、強引に御札をはがしてしまった。昭和三十三年（一九五八年）の夏のことである。

次長の行動に看守は震え上がったが、その後に泣き声が聞こえることはなく、娘さんの姿を見た者もいなかった。無事な日々が続くうちに、御札のことは忘れられた。

ところが、昭和五十三年（一九七八年）に、北沢署の巡査が巡回パトロール中に地元の女子大生を殺害する事件が発生した。「警察です」といって信用させて部屋に入り、襲いかかって殺すという卑劣な犯行とあって、世間は怒りを爆発させた。ときの警視総監が辞任に追い込まれた。犯人の巡査が勤務していた駅前の派出所は、一気に凶の烙印《らくいん》を押された。長い間、通行人の冷たい視線を浴び続けたものである。

現場付近では被害者の幽霊話が持ち上がったが、それも含めて、北沢署周辺にはマイナーな怪奇スポットがいろいろある。いまではのどかな緑地帯として地元のオアシスになっている羽根木公園も、かつては奇怪な出来事が起きた場所である。ちょうど北沢署で御札はがしの話が取りざたされていた頃、羽根木公園にも幽霊が出るという噂が広まっていた。人魂がゆらゆら飛んだり、草むらで白いものが蠢《うごめ》いたり、恨めしげな顔の女を見たという

公園南側入口。現在の公園には野球場・テニスコート・プレーパークなどがある。入口は東西南北に 11 ヶ所あり、南側の通路は林道のムードが残る。

公園西側の井戸跡のようなもの。古い時代には、たしかに井戸があったというが、現在残る井戸跡のようなものは、見た目にも作りが新しい。レプリカだろうか。

なまなましい体験談も話題になって、ついに警察が出動する事態に発展した。

「幽霊の噂ですか？　どうでしょうね。特に聞いたことはないと思うけど」

地元の若い人に聞くと、羽根木公園の怪談というのは、あまりポピュラーではないらしい。私も学生の頃からこの周辺によく来ていたが、怪談らしい怪談を聞いたことはなかった。むしろ、かつて公園が根津山《ねづやま》と呼ばれていたことに興味を持って、その方面の事情を調べたことがある。この地も池袋の旧根津山（現・南池袋公園）と同じく、東武鉄道の経営者・根津嘉一郎《かいちろう》が土地を所有していた。池袋の根津山には、昔日《せきじつ》の面影はまったくないが、羽根木公園は高台になっており、とりあえず山の名残がある。

*

地元で育った知人によると「いまでも根津山と呼ぶことはある」という。根津山と呼ばれる以前は、六郎次《ろくろうじ》という刀鍛冶《かじ》が山に住んでいたことから、六郎次山と呼ばれていた。戦時中は山の上に軍需廠《ぐんじゅしょう》と呼ばれた製炭所があり、昭和三十年代頃まで防空壕跡や高射砲陣地跡が残っていたという。

昭和三十七年（一九六二年）編纂の『新修世田谷区史』でも、名称は「六郎次山（根津山）」となっている。根津山は俗称の扱いである。地元の古老・今津博の著書『昔の代田』によると、六郎次山と呼ばれる以前は、二朱山《にしゅやま》あるいは千波山《せんばやま》とも呼ばれていた。根

旧防空壕跡付近。木々の向こうのフェンスの外側に図書館があり、その裏の急斜面にかつて洞穴があった。手前の段差付近も横穴を埋めた跡と思われる。

羽根木公園の風景。都会のオアシスにふさわしいのどかな公園ではある。整備されすぎて人工的な印象があるのも確かだが、広い敷地はジョギングや球技など多目的に利用できる。

津嘉一郎に土地が譲渡されたのは、昭和七年（一九三二年）頃のことだという。

「六郎次山としか知らない我々は、根津山の名を聞いて、いつからそんなハイカラな名になったのかと不思議に思ったものである」と今津は述べている。

要は、根津財閥が土地を軍需省に提供した後、軍が根津山と呼びはじめたらしい。それが一般にも広まったようである。戦時の報道によると、昭和十九年（一九四四年）九月十一日に、軍需省航空兵器総局長官の遠藤三郎中将が、根津山で炭焼窯《すみやきがま》の斧《おの》入れ式を挙行した。輸送燃料を確保する必要性から、根津山の雑木林を伐採し、製炭作業を行なったという。飲食業組合からなる食糧増産報国隊が動員され、山に四つの炭焼窯を作った。毎日交代で炭を焼いたという。空襲でこの一帯が壊滅させられる半年前のことである。

戦前の六郎次山には、古井戸や洞窟があったという。いまでは製炭所の面影は見られないものの、梅ヶ丘中学校側の入口付近に、井戸の跡のようなものがある。優雅に幹をくねらせた松の木も目を惹《ひ》く。この松は、ある意味で公園の象徴といえそうだ。戦前は山の上に大きな松があり、秩父宮雍仁《やすひと》親王（昭和天皇の弟宮）がこの地で軍事演習を視察したときによく登ったものだという。松は昭和三十年代まで残っていたが、その後に切られたということなので、現在の井戸と松は、往時を偲《しの》ぶレプリカのようなものだろうか。

戦後に羽根木公園となった根津山は、昭和四十年（一九六五年）に管轄が東京都から世田谷区に移された。区立公園として現在に至るが、「人魂が飛ぶ、幽霊が出る」と噂されたのは、主に都立公園の時代だった。世田谷区の資料によると、山の手空襲時に区内で八十二人の死者が出ている。重傷者や行方不明者も多く、後に死者が増えた可能性もある。この地もまた戦時の記憶が怪談の形成に大きな影響を及ぼしていた。

公園の怪談が一躍クローズ・アップされたのは、北沢署で御札はがしの問題が起きた翌年の夏だった。地元の中学二年生の男子が、ある日の午後に公園の小道を歩いていたとき、激しい悲鳴を聞いた。その方向を見ると、髪を振り乱した女がおぞましい形相で、胸から上だけ藪の中に浮いていた。男子は逃げ帰り、あとから友達と一緒に確かめに行ったが、すでに誰もいなかった。この話が警察の耳に入って、地域の治安の上で真剣な検討材料になった。というのも、日頃から幽霊の噂は警察でも把握していたが、実際に女が悲鳴を上げていたなら事件の可能性がある。何者かに拉致《らち》されて連れ去られたのかもしれない。

警察がこのように問題を設定した背景には、昭和三十年頃から増加していた少年事件への懸念があった。当時は〝天井知らずの少年犯罪〟と呼ばれるほどに悪質な子供のグループが増えていた。その連中は様々な手口で勢力を拡大していた。たとえば、小中学生の不良グループが身内の少女を使い、一般の女子を呼び出して集団暴行する。暴行された女子はゾンビさながらにグループの一員となり、今度は自分が加害者となって一般の女子を物色する。これをくりかえして仲間を増やし、手柄を上げた女子は出世していく。

この世界でよく知られていたのは、「マンボのお文《ふみ》」という女だった。町で知り合った少女を誘って不良グループに売り渡す。いわば〝おとり〟の名人だったが、このお文もまた、もとをたどれば集団暴行されて仕方なくグループの一員になった過去を持つ。

お文は警察に逮捕された当時十九歳だった。この世界では重鎮たる年齢だったが、同じく裏世界でその名を轟《とどろ》かせた「キャバのお弓」は、小学五年生の十一歳だった。当時流行の少女女給としてキャバレーで働き、店には二十三歳と偽りながら、客には年齢をばらしてトップスターに駆け上がった。同じ時期に巨大ポン引き売春グループを組織して名を馳せた女総帥「やり手のすみ江」も、逮捕されたとき、中学二年の十四歳と判明した。

彼女たちは、いずれも中流以上の家庭の娘であった。別に金に困っていたわけではない。むしろキャバのお弓などは、裕福な家庭環境に反発して女給になった。当時は金持ちの子女を堕落させる流行が世界的に仕掛けられ、日本でも太陽族ブームが富裕層の子女に影響を及ぼした。貧乏人には無縁のブームであったが、東京・千代田区の女子高生を中心とする上流家庭の極悪子女集団「神保町グループ」をはじめとする多くの金持ち非行集団を生んだ。短刀で武装して吉原の風俗地帯を拠点とした「レッドクラブ」、一致団結の党則を持ち硬派集団を謳《うた》いながら窃盗に励む「横浜青年党」、ミーハーより上だという意識を持

公園西側の松。優雅に幹をくねらせた姿が印象的である。かつて宮様が登ったという松の木を偲んだものだろうか。古井戸と合わせて癒される空間だ。

旧竹藪付近。現在は樹木がよく整備されているが、昔は不気味な竹藪があった。かつて幽霊が目撃された現場だが、訪ねてみると、いまは花畑になっていた。

つ女子集団「ソーラー族」（注・ミファの上でソラ）などである。その他にも「ケニア団」、「ＵＫクラブ」、「キャラメル窃盗団」、「桃色野球団」など、幼い子供たちが勢力争いに鎬《しのぎ》を削った。当時小学生の間で流行した「少年愚連隊の歌」はこんな歌詞である。

僕らは少年愚連隊
マンボズボンにロイド眼鏡
ジャックナイフをピカリと光らせ
そこ行く坊ちゃん金貸しな

＊

羽根木公園の幽霊騒ぎは、警察の浅からぬ関心を呼んだ。所轄管内にも少年犯罪グループが存在することを、すでに確認していたからである。このことが判明したのは、たまたま小田急線の下北沢駅前で、少年係の捜査員が十五歳の少女を補導したことによる。この少女が犯罪グループの一員であることが明らかになり、小学生や中学生など八十四人の少年少女を一網打尽にするきっかけとなった。

彼らの半数以上が女子で、例外なく中流以上の恵まれた家庭の子女だった。主に世田谷区内で恐喝・傷害・強盗をくりかえし、盗んだ金は中絶費用にあてていた。当時の報道では、こうした子女たちが日常的に耽《ふけ》っていた遊びのことを〝桃色遊戯《ももいろゆうぎ》〟と呼ぶことが多か

中村汀女句碑。熊本から上京した中村汀女は、俳人として名をなした昭和戦前から公園の近くに居を構えた。石碑には代表句の「外にも出よふるゝばかりに春の月」が刻まれている。

羽根木プレーパーク。公園内の一角に、手作りの遊戯施設がある。1979 年に開設され、「NPO 法人プレーパークせたがや」が管理している。

った。非行グループのことも〝桃色集団〟と呼んでいた。すると羽根木公園の怪談も〝桃色の幽霊〟によるものではないか……と警察は当初から考えていたわけではなかったが、この際、真相を突き止めるべきと判断したのである。

捜査の結果、まず人魂の正体がわかった。当時の公園には鬱蒼《うっそう》とした竹藪があり、その奥の土手に防空壕の跡が数十個も残っていた。その中に小学生たちが入り込み、探検ごっこのつもりだったのか、穴の奥で焚《た》き火をしていた。日が暮れてから遠目に見ると、竹藪の隙間から、明かりがちょろちょろ漏れてくる。それが人魂のように見えた。

なんだそんなことかと思うのはたやすいが、思わぬ事故に発展する恐れのある遊びだったため、警察はこの真相を重視した。現に火傷《やけど》をした子供がいることも調べる中でわかってきた。こうなってくると、例の幽霊、すなわち藪の中で悲鳴を上げていた女というのも、実は〝桃色集団〟による〝桃色被害〟に遭っていたという線が浮上してくる。そこで北沢署が捜査を進めた結果、ついに幽霊の正体が判明した。

髪を振り乱して悲鳴を上げていたのは、地元の高校に通う三年生の女子（十八歳）だった。仮に恵美子さんとしておく。事情はこうである。

恵美子は学校から帰る途中、羽根木公園の裏側で、二十歳前後の男に声をかけられた。

「公園でソフトボールをやりたいのですが、人数が一人足りないので、良かったら参加し

プレーパークの手形。公園内の遊技場ではバスケットも楽しめる。普通の大人がジャンプしても届かない位置に、なぜか子供の手形がいくつもへばりついている。

謎の井戸跡。プレーパーク内を歩いていると、「井戸」と書かれた板が地面に落ちていた。穴を塞いでいるようで、初めはこれが往年の井戸跡かと思ったが、そうではないようである。

てくれませんか？」

恵美子はこれといって急ぎの用事もなく、男の態度や言葉遣いが丁寧だったことから、メンバーに加わることを承諾した。公園内へ歩いていく男のあとに付いていく。あたりはだんだん藪になる。ソフトボールをやるならこの方向ではない……と不審に思ったとき、男はいきなり恵美子の腕をつかみ、藪の中に押し倒した。そこには防空壕の穴があり、恵美子は悲鳴を上げて転落した。ちょうどそのときに、中学二年生の男子が現場を通りかかったのである。男は人が来る気配を感じたのか逃走し、恵美子は自力で穴から這《は》い出した。上半身だけを地上に出したところを男子が見て、驚いて逃げ帰ったという顚末《てんまつ》だった。

結果的に中学生の男子は、恵美子を助けたことになる。怪しい男の素性は不明だったが、すでに逮捕している桃色集団の供述から、彼らのアジトが公園内の防空壕であることがわかった。恵美子を暴行しようとした男も集団の一員と目された。そして、それまでに目撃されていた白い幽霊というのも、少年少女たちが夜な夜な桃色遊戯に耽る様子を見誤ったものと警察は断定した。

地元の大人や警察にとっては、幽霊の正体がわかったからといって喜べない事態が明らかになった。桃色集団の中には、妊娠した小学生の女子が何人もいたからである。かくして警察はグループのアジトを撲滅するべく、公園の防空壕を埋め立てる方針を固めた。だが、これは警察だけの判断でできることではない。当時の公園の管轄は東京都である。そこで、しかるべき課に問い合わせて事情を説明したところ、返事は思わぬものだった。「それは判断しかねる」というのだ。実は、公園の管轄は東京都といっても、敷地のすべてを買収したわけではなかった。防空壕跡のあるあたりは都有地ではなく、民間人の所有だったのだ。したがって、すぐにどうこうできる話ではないというのである。

この後にどういう経緯があったのかは定かではない。ただ、警察は都への働きかけをあきらめて、区の青少年問題協議会に協力を要請したらしい。この経緯からすると、幽霊事件から六年後に公園の管轄が都から区に移ったのは、東京都が問題の解決を区政にうっちゃったという事情も想像される。

地元の史家・細野巌の著書『羽根木』によると、根津嘉一郎に譲渡される前の六郎次山は「芹沢さんと代田の斉田さんの所有」だったという。いずれも地元の地権者であるが、「東部は一時根津さんが所有していた」という述べ方をしているので、やはりすべての土地が根津財閥の手に渡ったわけではないようだ。今津博の『昔の代田』にも、六郎次山は「斉田家が所有（一部芹沢家が所有）」と記されている。根津財閥が所有した範囲は不明だが、都立公園時代に私有地だった防空壕跡があったのは、公園の南側の斜面である。

今津博によると、根津山は昭和十五年（一九四〇年）の時点で、すでに旧都市計画法

（昭和四十三年に新法制定）によって、現在より広範囲の土地を公園指定されていた。しかし、戦後に住宅需要が増加したことから、昭和二十九年に地権者の要望で一部の土地の公園指定が解除されたという。その部分が、もしかすると私有地に戻された領域だったのかもしれない。

戦後に公園化を計画したのは世田谷区だが、農耕地の買収が難航し、事業は東京都に引き継がれた。その間に防空壕跡の埋め立ては地元住民の手で行なっていたというから、この経緯を見るかぎり、警察が企図した桃色集団のアジト撲滅は、結局一般の有志の手で実行されたようである。現在の公園にも、アジトの穴があった往時の斜面は残っている。

防空壕があった斜面。梅ヶ丘図書館の裏手が公園の南側斜面にあたる。かつて人魂が目撃され、小学生たちが潜んでいた防空壕は、この斜面にあった。現在は木々に覆われて痕跡は窺えない。

三姉妹入水心中

……………どんどん橋

京王線の三鷹台から牟礼《むれ》の玉川上水に至る道筋は、昭和初期の頃まで鬱蒼《うっそう》とした武蔵野の林が広がっていた。夜になると、ずぶ濡れの女が彷徨《さまよ》うといわれた。上水に身投げした女の亡魂だろうと噂されたが、戦後にこの付近で殺人事件が起きてからは、その犠牲者かもしれないという話になった。

進駐軍将校の愛人だった女が、不動産売買のトラブルに絡んで失踪し、神社の境内で白骨死体で見つかった。昭和二十五年（一九五〇年）四月十三日に起きた牟礼事件である。物証のないまま犯人とされた佐藤誠は、最高裁での死刑確定後も無実を主張した。再審請求をくりかえしたが認められず、平成元年（一九八九年）に八十一歳で獄中死した。そもそも事件が発覚したのは、共犯とされた男が別件逮捕で勾留中に、被害者の幽霊に悩まされたことによる。この男が「女を殺した主犯は佐藤だ」と話し、ほとんどその言い分だけを根拠に死刑判決を出すという筋の悪い裁判だった。

いまでは死体の出た神社の付近も住宅街である。幽霊が出るといわれた往時の面影を偲《しの》ぶには、玉川上水のそばまで行くしかない。その上水の牟礼の付近に、妖しい幼子が佇《たたず》むという。私が高校生のとき、友人の母親があやかしの姿を見た。夕暮れ時に上水のわきを歩いていると、道端に小さな女の子がいたという。しかめっつらをして一点を見つめていた。通りすぎてから気になって振り返ると、姿が消えていた。不思議な心持ちのまま帰宅して、そのときは誰にも言わなかったという。

数日後、友人の母は、同じ時間に同じ道を歩いていた。何かに引き込まれるように橋の上から上水の流れを見下ろすと、岸辺の草むらに女の子がいた。小学校に上がる頃ぐらいの年恰好で、先日見た子と似ていたが、どことなく違うような気もした。土手は立入禁止である。おかしな光景だと思ううちに、幼女はすべるように水の中に溶け込んだ。ほんの数秒のことだったという。

近所の人に聞いたところ、昔このあたりで幼い姉妹が入水《じゅすい》したらしい。どんな理由があったのかはわからない。姉と妹が手に手を取って、橋から投身した。やがて死体が上がったという以上のことは誰も知らず、古い伝説のようだと住人は語ったという。

奇妙な幼女は、他の人にも目撃されていた。川べりの危ないところにいるので、幽霊ならともかく、人間なら事故になることが懸念された。警察が出てちょっとした事件になったこともあるらしい。私は高校生の頃にこの話を聞いた当時は、特に詳しい調査もしなかった。いまになって、念のためにその頃の資料を探してみると、高校時代のテスト用紙に挟まる形で友人から聞いた目撃談のメモが出てきた。その文面を見ると、現在の私の記憶はほぼ正確であることがわかったが、一つ忘れていたことがあった。

友人の母親が二度目に川べりで見た幼女は、消える前に「日本人の微笑」を湛《たた》えていたという。メモにはそう記されている。これは当時友人がラフカディオ・ハーンの『知られざる日本の面影』の一節を引いて私に話した結果である。彼の勝手な解釈にすぎないのだが、そのまま記したことを思い出した。

古いメモには、玉川上水での過去の自殺件数も記されていた。当時これを調べたとき、予想を超える頻度で入水自殺が起きていたことを知って驚いたものである。たとえば、上水に身を投げた人で最も有名なのは太宰治だが、彼が死んだ昭和二十三年（一九四八年）の入水者は、太宰で十六人目であった。一緒に死んだ山崎富栄は十七人目と数えるのだろうか。その前年は、三十三人が自殺や事故で死んでいる。水底《みなそこ》に引っかかると死体が上がらないので、古くから玉川上水は人食い川と呼ばれていた。

この流れの水が、一部ではあるが、いまなお飲み水の原水となっている。死体の汁のおかげで水道水はうまいのかと水道局に問い合わせたのも高校生の頃だった。むろん原水は

現在の牟礼橋。下を玉川上水が流れている。この右手にどんどん橋（旧牟礼橋）がひっそりとある。

三姉妹入水現場。JR 三鷹駅の近くである。木々の向こうは崖になっており、下に玉川上水が流れている。三姉妹はこの付近から上水に飛び込んだ。

浄水場で濾過《ろか》した上に、塩素殺菌している。しかし、人を漬け込んだエキスを飲んだ方が滋養強壮になるとなぜか当時思っていたので、塩素殺菌なんかよせと抗議した記憶がある。

近年、私は高校生のとき以来の頻度で、玉川上水を訪れている。のどかな景観が失われるという話を聞いたからである。三鷹市と杉並区の境に人見《ひとみ》街道が通っているが、ちょうどそこにかかる牟礼橋のあたりから東に一・三キロの区間にわたり、放射五号線道路を通す計画がある。これが通ると、上水の両側が道路になる。武蔵野の面影を残す散策路が消えることになる。だからなくなる前に歩いておこうと思い、折に触れて出かけている。

秋が深まる季節になると、落ち葉の香りと土の柔和な温かさの名残が印象的な小路である。歩くたびに足が浅く地面に沈み込むような感触が心地よい。すべてを失ったような東京だからこそ、無造作に枝葉の茂る素朴な景観は後世に残すべきものと思われる。

人見街道は、ずいぶん車が通ってうるさいが、牟礼付近の玉川上水には、太宰治が存命だった頃と同じような簡素な路《みち》が残っている。ずっと果てまで続いている。散策するうちに、ふと三十年前に友人が話していた幼子に出くわすのではないかという期待を持つようになったが、いまのところはまだ姿を現していない。オカッパ頭で、気難しい顔をした、動かない女の子。いつのまにか現れて、数秒でいなくなる。自殺した姉妹の一人なのだろうか。それとも、二度現れた女の子は、それぞれ別の子で、姉と妹が時間差で現れたとでもいうのだろうか。そんなことがしだいに気になり、姉妹の身元について調べてみた。

友人の母によると、入水伝説を語った三十年前の住人の話しぶりは、いかにも遠い昔を偲ぶような風情だったという。江戸か明治の頃に起きた事件が細々と伝わっているのではないかと語っていた。たしかに幼い姉妹の入水というのは、現代風の絵柄ではないように思える。だが調べてみると、実はそれほど古い話ではなかった。世を儚《はかな》んだ三人の姉妹が死出の旅路についたのは、いまから五十年ほど前のことである。つまり、友人の母が幻を見たのは、まだ姉妹が死んでから二十年しか経たない頃だった。そろって玉川上水に身を投げた三姉妹の名を、かつ（十四歳）、とも（十一歳）、せつ（七歳）という。

＊

昭和三十四年（一九五九年）九月十一日の夜七時頃、姉妹は保谷《ほうや》町（現・西東京市）の自宅を出て、吉祥寺駅付近で遊んだ後、三鷹駅近くの玉川上水まで歩いていった。そこで姿を消した。父親には「テレビを見にいく」と言って出かけたらしい。この年は四月十日に皇太子（今上天皇）御成婚があり、テレビ受像機の普及が進んでいた。

この子たちは、実は四姉妹であった。途中までは九歳の三女みちも一緒にいた。夜更けにみちだけが家に戻り、姉たちがいなくなったと父親に告げた。父は三鷹駅前の交番に出向いて娘たちの失踪を届け出た。玉川上水の方に行ったというみちの証言から川の捜索が行なわれ、五日後の十六日朝、上水わきを歩いていた人が、水の中に横たわるかつの死体を発見する。その二日後の午後、せつと、ともの死体も上がった。この悲劇が事故ではなく、覚悟の心中だったことから、世上は騒然となった。

かつのポケットには、便箋《びんせん》に書いた遺書があった。両親の生活の乱れと不仲に関する思いが切々と綴《つづ》られていた。「私たちは死んでいきますからお父さんお母さん仲良くしてください」と結ばれており、末尾にかつとともの署名があった。

姉妹の父親は、電気工として働いていたが、四年前に結核にかかって失業した。母親が日雇いの仕事に出て家計を支えたものの、出先で懇意になった男のもとに泊まることが多くなり、しだいに娘たちの面倒を見なくなった。仕方なく父親は、袋貼りの内職を始め、かつが仕事を手伝いながら、妹たちの世話をした。母親は家に戻っても父親と喧嘩《けんか》するばかりで、収入は入れずにまた家出する。父親の袋貼りだけでは暮らしていけず、かつは中学を卒業したらすぐに働くつもりだった。その限りにおいては、自殺に向かう動機は存在しない。かつは死んだ年の夏休みに日記をつけており、そこには「お母さんの代わりに私がしっかりしなければ」という決意が書き込まれている。

心中事件の後、担任の女性教師は「かつは貧乏には耐えられる子だった」と証言している。母親を責めたり自らを悲劇の主人公になぞらえる心境は卒業していたはずだという。

牟礼の散策路。上水わきに伸びる飾り気のない散策路は、武蔵野の面影を残している。東は久我山方面に続き、西は井の頭公園に繋がっている。

万助橋の上流。橋から 20 メートル先のこの付近で、二女ともの死体が発見された。四女せつは橋の下流 50 メートル付近で見つかったという。

担任としては、つらい現実を前にそう語るしかなかったのかもしれないが、たしかにかつは貧乏には耐えていた。かつの一家のような家庭はめずらしいものではなかったし、子供は貧乏だけで死を選ぶことはない。その上で結果的に、かつが妹たちを巻き込んでの死を選んだのは、やはり母親を許せなかったからである。

父親はかつを頼りにしていた。かつも父親のことが好きだった。日記の中で、かつは父への思いを吐露《とろ》している。「今夜もまたお母さんは留守だ。だけど父さんと妹とみんな一緒に絵を描きました」と綴っている。貧しいながらもささやかな団欒《だんらん》があったことが窺《うかが》える。

他にも日記の中で、かつは療養生活を余儀なくされた父への同情を語っている。内職が忙しくて勉強ができないことを先生に詫《わ》びてもいた。健気《けなげ》なだけではなく、人の気持ちを思慮して感情を処理できる子であったが、その分別心は、母親が示したある態度によって完全に崩れたようである。遺書には心中の直接の引き金になった事情が書かれていた。

「お母さんに他の人と別れてくれるように頼みましたが、余計なことをいうな、お前のような子は死んでもかまわないといわれました。そうなればお父さんにはかわいそうですが、私たちにはもう死を選ぶしかありません」

売り言葉に買い言葉というより以上の深刻な心の断絶が、母親とのやりとりで確認されたようである。しかし、勢いのみなら自分だけが死ぬだろう。かつは精神的な死線を彷徨《さまよ》いながらも、発作的に自殺するような状況にはなかった。すべては計画的であり、妹とも互いの意志を確認し合っていた。遺書の連名がその証である。

児童心理学者の早川元二は「小学生は絶対といっていいくらい死なない」と事件後に論評した。すべては中学二年生の長女かつの主導に違いなく、かつの十四歳という年頃が不幸の感じ方を鋭利にさせ、妹を無理に道連れにしたのだろうとコメントをした。

しかし、この姉妹の心中事件は、もう少し奥が深いかもしれない。

たしかに大人に近いのは、かつ一人であったが、小学六年生になっていた二女も、それなりに姉の心情を理解したのだろう。だから遺書に名前を書いた。むしろ謎なのは、三女のみちが心中に加わらず、四女のせつは道連れにされたことである。

みちは一人で帰宅したとき「玉川上水の付近で姉たちとはぐれた」と父親に伝えている。入水については口にしなかった。だから当初は家出と思われたのである。みちが入水に気づかなかったなら、姉の決意を聞かされていなかったことになる。だが、心中の直前まで一緒にいながら何も気づかないというのは不自然である。姉たちが早足で追いつけなかったともみちは証言したが、末っ子のせつまでがそんなに素早く歩き去ったはずもないだろう。思うに三女みちは、唯一生き残る役目を姉から言いつけられたのではないだろうか。

遺書をしたためた姉の目的からすれば、自分たちが行方不明のままでは意味がない。心中したことを親に知らせなければいけない。ゆえに「玉川上水を捜せ」という伝達の役割を姉がみちに託したのなら、姉妹の演じた死と生の連携は見事なまでの覚悟となる。

しかし、現実には死体だけがあった。姉妹の亡骸《なきがら》が見つかった後、父親は新聞の取材にこう答えている。「かつが死んでしまった今となっては何も言うことはない。すべては私が意気地がなかったからです」。また、かつが通っていた中学校の校長は「日本の教育界始まって以来の出来事で何とも言いようがない」と肩を落とした。

＊

友人の母が幼女の幻を見たのは、牟礼のどんどん橋の付近である。人見街道にかかる牟礼橋の横に、ひっそりと残されたレンガ造りの橋がある。この旧牟礼橋のことを古来どんどん橋と呼んだ。妹たちの死体は、吉祥寺通りにかかる万助橋の近くで見つかったが、かつの死体は、どの新聞もどんどん橋に引っかかって見つかったと記している。もしそうなら幽霊が出た場所と一致するが、事実は違うようである。

かつの死体が見つかった本当の場所は、どんどん橋より二キロほど上流である。万助橋の少し下流に位置するほたる橋から見て数十メートル下流の付近であった。太宰治の小説『乞食学生』の中で、語り手の「私」が真っ白い全裸の少年の流れていく姿を幻視したあ

牟礼分水堰。その昔に灌漑のために上水の流れを分水した堰がそのまま残っている。長女かつの死体は、この堰に引っかかった状態で発見された。

長女かつ。母親の不義理を諫めるため、妹２人とともに玉川上水に身を投げた。

たりだろう。玉川上水が人食い川と呼ばれたのは、まさにこの付近の底がえぐれて死体が上がりにくかったことによる。その位置にあるのは、どんどん橋ではなくて、牟礼分水堰《ぶんすいせき》である。上水から水を分けて流すための流路を分水といい、その流れをせき止める設備が分水堰である。江戸時代に玉川上水の三十五ヶ所に分水が作られた折、当時の牟礼村に水を流すために設置されたのが牟礼分水堰であった。いまも遺構がある。上から覗くと狭い橋のように見えるが、新聞各紙はそれを指して、なぜかどんどん橋と呼んでいた。

牟礼分水堰のことを、新聞がなぜどんどん橋と書いたのかはわからない。おそらく牟礼分水堰という呼称が、牟礼橋と混同されたのだろう。事件当時に「牟礼の橋ならどんどん橋だ」という早とちりがあったのかもしれない。

現場は上水の流れを覆うように木々が生い茂っている。土手の上から取水口の全貌を見るのは困難だが、分水堰は事件当時のまま残っている。標識などはないので、散策路を歩いているだけでは気づきにくいが、水量の少ない現在では橋桁《はしげた》のような形状がすべて確認できる。かつが入水した当時は、堰の上部がかろうじて水面に覗くぐらいの水量だった。考えてみると、太宰治と山崎富栄は、この堰を越えて、さらに下流まで流されたわけだから、そのときの水量は牟礼分水堰が余裕で水没するほどだったことになる。

三姉妹の心中からしばらくたって、かつの死体が見つかった近くの井の頭公園内に、三

どんどん橋。かつて水量が多かった頃、“どんどん”と激しい水音が聞かれたことから、この旧牟礼橋を子供がどんどん橋と呼んだという。

どんどん橋下。レンガ造りの橋の下は深い溝になっている。土手は切り立っており、子供が降りるのは無理である。もとより立入禁止となっている。

人の娘の名を記した白木の柱が建てられたという。誰が建てたものかは定かではないが、哀れな姉妹の霊を慰めずにはいられなかったのだろう。わずかな手がかりを頼りにその慰霊柱を探してみたが、いまとなっては場所がわからない。松本訓導殉難の碑のすぐ近くにあったようだが、柱はおろか、その痕跡も見当たらなかった。忘れられた三姉妹の小さな身体が沈んだ上水のせせらぎは、今日も静かな森の中にある。

水道の祟り

玉川上水

渋谷の場末を流れる川の近くに、かつて柿崎という男が住んでいた。私より二十五歳ぐらい年長であったが、知り合ったときに高校生だった私にも敬語を使うような人だった。その当時、ひょんなことから彼に家庭教師をしてもらい、宿題の手伝いを頼んだことがある。私が代数の問題を解いている傍らで、彼はいつも英詩の翻訳をしていた。

柿崎というのは、本当の名字ではなかった。幼い頃に戦災で身寄りを失い、見知らぬ人に助けられたという。その人の養子となって育てられ、大学まで上げてもらった。義理の父の名字が柿崎であって、本当の名字は忘れたと語っていた。

彼の実家は、義父が松本虎雄《とらお》という人物を慕《した》っていた関係で、もとは井の頭公園の近くにあった。松本虎雄というのは、玉川上水で殉職《じゅんしょく》した松本訓導《くんどう》のことである。大正八年（一九一九年）十一月二十日、東京府麴町区（現・千代田区）の永田町小学校の児童が遠足で井の頭公園を訪れたとき、あやまって玉川上水に落ちてしまった。助けようとした松本訓導が急流に呑まれて溺死《できし》した。三十三歳であった。

この事件が新聞で大きく報じられ、殉職美談として知られた。なぜ大きく報道されたかというと、大正時代にはこういう偉い先生が少なくなっていたからである。当時の新聞にそう書いてある。ましてや今日ではこのような先生はいないという人もいるが、念のためにいっておくと、いまでもいる。平成十八年（二〇〇六年）に熊本県で川に落ちた小学五年の男子を無事に助け上げ、自らは力尽きて急流に呑まれ殉職した冨田慎一教諭の例がある。昨今は悪い先生のニュースしか大きく伝えない傾向があるので、あまり知られないだけである。

ところで、昔の玉川上水は、しばしば溺死者の死体が上がらなかったため、人食い川と呼ばれていた。柿崎の義父は、上水の恐ろしさを松本訓導の事件を引き合いに出して、よく話していたという。しかし、なぜか太宰治のことは語らなかった。太宰が心中したとき、義父は捜索を手伝ったというが、共感できぬ死に方だと思っていたようである。

柿崎は後に、その義父の思いがよくわかったという。大学生のとき、友人を玉川上水で失ったからである。「太宰治が死んだ玉川で俺も死ぬ」と書かれた日記が自宅から見つかり、後追い自殺と騒がれた。柿崎も学生のときは太宰治の小説に親しんでいたが、自殺した友人の気持ちはわからなかった。自分の専門が電気化学であって、文学は趣味にすぎな

松本訓導殉難の碑。井の頭公園内にあり、裏手に玉川上水がある。この付近に入水した三姉妹を慰霊する白木の柱もあったというが、現在はその痕跡は見られない。

いためかと悩んだが、死に急いだ友への怒りもあって葬式には行かなかったという。

その後、雨の降る日になると、柿崎の自室の壁にシミが出た。以前から罅《ひび》割れていた天井の隙間がいつのまにか広がっていた。修繕しなければいけないと義父に伝えたが、長い年月の積み重ねでそうなったものは仕方がないといって取り合ってくれない。しかし雨漏りがして心地が悪いと再度訴えたところ、「誰かに覗かれているね」とつぶやいて義父は天井を見上げた。罅割れから黒いものが伸びて垂れ下がり、すぐに引っ込んだ。

その夜、義父は亡くなったという。書斎で本を読む姿勢のまま息を引き取っていた。身寄りのなくなった柿崎は、古い家を立ち退いて下北沢に移った。結婚してからは四谷に住んでいたが、勤めていた会社が倒産し、妻は出かけたまま行方知れずになった。やがて渋谷に引っ越したという。アルバイトで生計を立てながら一人暮らしをしていた。

私は高校生のときに玉川上水のことを調べていて、それならば詳しい人がいると聞いて彼を訪ねたのである。松本訓導のことも太宰治のことも知る人だというので、明治生まれの頑固な老人かと思っていたら、普通の中年男であった。地誌の学者ではなかったが、かつて電気関係の技術者だったというので、せっかくだから数学を習うことにした。

柿崎の住むアパートは、お世辞にもきれいとはいえなかったが、手作りの本棚に見知らぬ洋書をずらりと並べた様が壮観だった。これを訳すと幾許《いくばく》かの銭になるのだといい、

「貧乏というのは、好きなことを気兼ねなくやれる身分のことです」と笑っていた。

玉川上水のことで柿崎に教わったのは、言語学者・金田一京助の娘だった若葉さんが、上水に身を投げて亡くなっていたことである。昭和二十四年（一九四九年）十二月二十三日だった。そのとき柿崎はまだ子供であったが、捜索中の警察官が「見つからない、まだ見つからない」と怒鳴るのを聞いている。自殺したのは著名な学者のお嬢さんだと耳にしていたが、それが金田一博士のことだと知ったのはずっと後のことだという。

「世を儚《はかな》むような遺書があったようです。若葉さんは当時、学者の奥さんになっていたが、どんな事情があったのかはわかりません。慰霊碑があるから見てくるといいでしょう」

金田一京助の建てた碑が、上水のわきにある。昭和二十年代当時は、玉川上水での自殺や心中が絶えなかったという話をしてから、柿崎はふいに黙り込み、しばらく窓の方を見てから「またですか」とつぶやいた。外から猫が騒ぐような声が聞こえた。

「向こうの家はいつもあんな風です。いまに大変なことになりますよ」

アパートの少し先にある家から、いつも泣き声や怒鳴り声がするという。狂ったような悲鳴が聞こえることもあるので、普通なら泥棒でも入ったかと思って様子を窺《うかが》うところかもしれないが、いつものことなので近隣の住人は知らん顔をしている。

ある夕暮れ時、柿崎がその家の前を通りかかると、四十路《よそじ》ぐらいの上品そうな奥さんが門から出てきた。柔和な笑顔で柿崎に会釈し、駅の方へ歩いていった。そのあとを追うように、黒くて長いものが地面を這《は》っていた。蛇のように見えたが、近づいてよく見ると、炭を繋《つな》げたようなものであった。ゆっくりと動いて渋谷川にすべり下り、しばらく水面《みなも》に浮かんでいた。近くの橋の上にオカッパ頭の少女がいて、じっとこちらを見つめていた。

「あれは何かのサインでしょう。父が死んだときに見たものと同じでした」

一人ごとのような柿崎の話の腰を折るように、私は代数の答案を差し出した。一目見て彼は「答えは合っています」といい、「解き方はでたらめですが」と微笑んだ。

やがて私は高校を卒業した。同じ頃、柿崎は港区の高輪《たかなわ》に引っ越した。それっきり会うことはなかったが、「大変なことになる」という彼の予感は、後に現実となったのである。

＊

柿崎が引っ越してから、渋谷のアパートは空き家になっていた。たまに私はその付近を訪れることがあったが、ある日、警察の車両が数台出ていて、アパートの周辺を取り囲んでいた。野次馬に事情を尋ねると、この先に住む奥さんがおかしいという。「だめだ、もういかん」という声がして、数珠《じゅず》を持った老婆とともに血だらけの顔をした奥さんが救急車に乗せられた。一週間後、喪服の行列が現場を行きすぎるのを見た。

ときを同じくして、川の近くの公園では、別の騒ぎが起きていた。

金田一京助建立の慰霊碑。玉川上水の散策路わきに、ひっそりとある。娘・若葉をはじめとする水難者の霊を慰めるために建てたものである。

柿崎が住んでいた付近。かつて、この辺から路地を入ったエリアに、安いアパートがいくつもあった。いまはすべてビルになっている。往時の面影はない。

「誰もいないのにブランコが揺れるのよ」

そんなことを話している奥さんがいたので、「あの公園は昔から妙な噂がありますね」と私は鎌をかけるようなことをいってみた。すると、井戸端会議の奥さんたちは、顔色を白くして黙り込んでしまった。やがて一人が囁《ささや》くようにいう。

「悪い女の子がいるから注意した方がいいわよ。どこの子か知らないけどさ」

あのブランコは使えなくした方がいいわ、と急に怒った口調になった。

私は柿崎の話を思い出した。橋の上に立っていた女の子のことである。それを話してみると、奥さん方は眉をひそめ、互いの顔を見合わせた。

公園に現れる女の子の素性は、その後も判明しなかった。現場ではたまにパトカーが出ていたが、何が起きているのかはわからず、それっきり私はこの件を忘れてしまった。そのまま数十年が過ぎたのである。そして最近になって玉川上水を訪れたとき、そういえば柿崎という人がいたなと古い記憶がよみがえった。同時に、奇妙なことを考えた。

玉川上水というのは、江戸時代に多摩川の羽村から四谷大木戸までの四十二キロを開削した水道である。その後、四谷から水路を分けて赤坂・麻布方面に給水する青山上水が造られた。その一方で、玉川上水を下北沢で分岐させ、新たに開削したのが三田上水である。元禄頃までに、神田・玉川・亀有・青山・三田・千川の六上水が完成した。

川近くの公園。幽霊騒ぎがあったのは20年以上前だが、久しぶりに行ってみると、いまだに閉鎖状態になっていた。不穏な空気があたりに漂う。

公園のブランコ。悪い女の子が揺らして遊ぶ……風もないのにゆらゆら揺れる……。亡霊出現という事態の深刻さゆえか、ついに自治体はブランコの撤去に踏み切っていた。

このうちの青山上水は、渋谷川を経由して流れていた。その件を調べていて気づいたのだが、柿崎は上水の流れに沿って住まいを替えていたのである。実家の井の頭から下北沢に移り、次に四谷に行って、さらに渋谷川の近くに移った。これは偶然だろうか。何か不幸があるたびに、玉川上水の分岐点を選んで引っ越していたことになる。彼が渋谷から去った理由は定かではないが、やはり三田上水の流れ先である高輪に移っているのだ。

江戸時代の三田上水は、高輪で細川上水と白金上水に分かれた。細川上水というのは、細川越中守の屋敷専用に通した水道である。細川の殿様は、この上水の整備に大金を投じ、わざわざ滝を造るなどして実用以外の贅沢に興じた。ゆえに評判が悪く、しまいには遺恨が生じた。これが〝水道の祟り〟であったという話を三田村鳶魚《えんぎょ》が伝えている。

延享四年（一七四七年）八月十五日のこと、定例の儀式のために登城した細川越中守宗孝は、大広間の便所の中で、旗本の板倉修理《しゅり》に惨殺された。刀で全身の十数ヶ所を斬られていた。これが殿中の刃傷沙汰《にんじょうざた》としては六回目の事件であったが、便所で襲われたのは例がないとして世間に喧伝《けんでん》された。しかし、板倉修理の動機がよくわからないのである。

『徳川実紀』を見ると、この事件はかなり具体的に記録されている。細川越中守は「うしろよりなにものともしれず」斬りつけられたという。犯人を尋ねたが意識が明瞭でないので、城の玄関を閉ざして人の出入りを禁じた。城内を探索すると、「大広間の厠《かわや》の中に。

何ものともしれず。ひそみ居けるもの」を発見した。これが板倉修理であった。

板倉は正気を失っていて、事情を聞いても支離滅裂であった。もとから頭のおかしい人だったともいわれている。ゆえに板倉家では修理を引退させて、宗家の佐渡守勝清という人物の庶子に家を継がせる計画があった。それを知った板倉修理は憤慨し、勝清を殺そうと決意したが、着物の家紋が似ていた細川越中守を間違えて斬ってしまった。これが世に伝わる事件の理由だが、本当かどうかはわからないと『徳川実紀』は記している。

一方、三田村鳶魚によると、殿中の刃傷事件は聴取の記録を極秘にするので、原因はわからないのではなく、わからせないのが定例だったという。だから忠臣蔵にしても様々な伝説が生まれたのであって、板倉修理が細川越中守を襲撃した事件にしても、あれこれの憶測が乱れ飛ぶことになった。そして、その中に〝水道の祟り〟説があった。

板倉修理の屋敷は、細川の下屋敷と同じ白金の土地にあり、板倉の屋敷の方が低地になっていたという。細川上水の滝はすでに取り壊されていたが、引き込んだ水道はそのままになっていた。そのために大雨になると排水が低地に流れ、板倉の屋敷を汚染した。そこで板倉修理は細川家に善処を求めたが、大諸侯である細川は、旗本の板倉などを相手にしない。埒《らち》の明かない状態が続き、その間にも水の被害は続いていた。ついに板倉の我慢は限界を超え、殿中において細川越中守を斬ることにした。そうすれば自分は死罪だが、斬られた相手も御家断絶となる。捨て身の価値はあると踏んだらしい。だが、結果的に細川家は幕閣の配慮で相続が許され、板倉は切腹して御家断絶となるのである。

こうしたいわくのある土地に、柿崎は引っ越していった。なぜか玉川上水の流れ先に沿って住処《すみか》を替えていた。柿崎という男は何者だったのか。あれから彼はどうしたかと気になって、わずかな手がかりをもとに行方を捜してみると、やはり彼は数奇な人だった。

*

三十年前に柿崎が話していた記憶に基づいて、私は白金高輪の土地を探索してみた。細川越中守の屋敷跡は、高松宮宣仁《のぶひと》親王（昭和天皇の弟宮）の邸宅になっていたが、宮家廃絶後のいまは建物だけが残っている。細川上水の痕跡は、どこにも見当たらない。

柿崎がどこに住んでいたかは、はっきりとはわからなかったが、ふらりと引っ越してきた中年男が古いアパートにいたことがあるという話を聞いた。一人暮らしだったというその人物と懇意にしていた老人によると、礼儀正しい男で好感が持てたという。

「あの人なら、とっくに死んだよ。いつだったか、もうずいぶん前だ」

ある日、急に倒れて亡くなったという。その人物の名字は柿崎ではなかったが、私は当人に間違いないと確信した。老人がこんな話をしたからである。

「戦時中に空襲で両親がやられて、助けてくれた人の子供になって、井の頭に住んでいた

渋谷川。その昔は蛍が見られたというが、いまはその面影はない。橋の上から川面を眺めるオカッパ頭の少女はいったい何者なのか……。

高輪の路地。柿崎の行方を捜すため、高輪付近を歩く。左手の塀は、旧高松宮邸のものである。かつての細川屋敷跡だが、細川上水の痕跡はどこにもない。

って。もとの名前は忘れたことにしているってね、そんな話はしていたよ」

そして、老人は意外なことを語った。

「三鷹の〝どんどん橋〟といったかな。そもそもはあの辺の生まれだってね」

これは初耳だった。柿崎の実の父親は、若い頃に〝どんどん橋〟の近くで料亭を営んでいた。奥さんは美人女将《おかみ》で知られていて、すでに年頃の娘もいたが、客は娘より女将が目当てだったというから、かなりの色香を漂わせていたらしい。やがて亭主は、店を奥さんに任せて別の仕事に出かけるようになったが、ある日、早めに帰宅してみると、奥さんは常連客を部屋に引き込み、寝床でよろしくやっていた。怒った亭主が包丁を持ち出し、間《ま》男《おとこ》はあわてて退散した。奥さんも外に逃げ出したが、もう殺されると観念したのか、橋から玉川上水に飛び込んだ。ショックを受けた娘も母親の後を追い、同じ場所から投身した。一人残った亭主は、後に別の女性と所帯を持った。その間に生まれたのが柿崎だった。

「出生の謎を調べたら、そんな風だったと。知らなきゃよかったと話していたね」

前章で書いた〝どんどん橋〟は、思ったより因縁の深い橋だったのである。

旧高松宮邸。宮家廃絶後は無人である。江戸期には細川越中守の下屋敷があり、細川上水が通されていた。

旧細川邸にあったシイ。白金高輪駅の近くにあり、東京都指定の天然記念物として保存されている。高さは 10.8 m、幹の周囲は 8.13 mもあり、樹齢 300 年以上とされる。

補章①

妖しき痕跡を巡って

檜町公園のその後と、お化け燈籠

平成十九年（二〇〇七年）に東京ミッドタウンが竣工し、隣接する檜町公園《ひのきちようこうえん》も新しい姿に生まれ変わった。完成後に行ってみると、それなりに優雅な景観が工夫されていた。中ノ島にあった「歩一の跡」の石碑は、南側の入口近くに移された。西側の橋の上から眺める景色は、時代劇に出てくる大名庭園のように見えなくもない。石伝いに池のほとりまで下りられる開放的な設計は、気の利いた心遣いといってもよいかもしれない。

ところで、再開発後に幽霊事件の現場はどうなったか。以前は滝の上の高台が旧防衛庁に隣接しており、歩兵第一連隊時代の将校集会所はそのあたりにあった。心中したメイドの幽霊が彷徨《さまよ》っていたのも同じ付近である。現在の位置でいうと、ちょうど東京ミッドタウンの公園側の入口前にあたる。ビルと公園の間を仕切る通路が、かつての防衛庁の塀の

かつての幽霊現場付近。滝から上がった地点である。以前はこの道に沿って防衛庁の塀がそびえていた。左手が旧防衛庁の敷地で、現在は東京ミッドタウンの入口になる。

池のほとり。新たに燈籠などの装飾がほどこされ、大名庭園の趣を演出している。石伝いに池まで下りられるので、観光客が記念写真を撮るポイントになっている。

跡である。そこから公園の滝まで広がる草むらのあたりが幽霊現場だった。

歩兵一連隊時代にあったお化け燈籠《とうろう》は、現在は神奈川県川崎市にある。昭和十二年（一九三七年）に連隊が満州に送られたのにともない、留守部隊は川崎市の東部六十二部隊に移転した。そのときにお化け燈籠も一緒に連れていったのである。

現在の川崎市宮前区の丘陵地帯に、かつて東部六十二部隊の敷地が広がっていた。この部隊は、別名を〝地獄部隊〟と呼ばれていた。召集した国民を三ヶ月の短い訓練で即席の兵士に仕立て上げ、戦地の最前線に送る部隊だったからである。軍の敷地だったエリアには、いまは中学校、病院、市の施設などがある。その一つである川崎市青少年の家という宿泊研修施設を訪ねてみると、裏庭の敷地に、お化け燈籠が安置されていた。

この燈籠は、戦前からすでに足はなかった。夜な夜な歩き出すので足を切られたという伝説がある。昭和十年刊『歩兵第一聯隊歴史』は次のように記している。

「芝生の一隅に謂《いわ》れありそうな大きな石燈籠がある。これは一名お化燈籠と云つて、加藤清正が朝鮮征伐のとき持ち帰つたもので、夜間、六本木附近に出て人を騙《だま》すのでかく名付けられ、麻布七不思議の一つである。脚のないのもそれが為であると云はれて居る」

しかし、いまに残るお化け燈籠の形態を見ると、もともと足の短い雪見燈籠だったものと思われる。『武江年表』の元治元年（一八六四年）八月八日の項に、それらしき記録が

お化け燈籠。現在は川崎市青少年の家の裏庭にある。高さは 120 センチぐらいある。由来は忘れられているが、豊臣秀吉のものだとすれば、それなりに貴重ではないだろうか。

笠が欠けている様子のアップ。近くで見ると、緑の苔でおおわれている。火をともす火袋部分の三日月形が、笑っている口にも見えるし、お化けの目にも見える。

ある。毛利庭園の池には「豊太閤より給はりしといふ石燈籠」があったという。「笠は五尺余りもあるべし。世俗雪看形と唱る物の類なり」と記されている。

現在のお化け燈籠は、笠をかなり欠損しながらも、なお一メートルほどの幅がある。もともとは五尺余りはあっただろう。また『武江年表』も『歩兵第一聯隊歴史』も、燈籠が豊臣秀吉の時代のものという点で一致している。加藤清正から太閤秀吉に献上された石燈籠が、その後に毛利家に下賜《かし》されたということか。元来の用途として池のほとりを照らしていたものなら、最初から足のない形態の岬燈籠だったとも考えられる。

いまお化け燈籠は、木々に覆われた草むらに鎮座させられている。苔《こけ》むした姿は年代物の趣を多分に見せている。それなりの威容を誇るが、どことなく寂しげでもある。

多摩川のガス橋

私が学生の頃、夜中に多摩川の周囲を車で走ると、人魂がよぎるという話があった。多摩堤通りで午前三時に女が手を上げていたら、間違いなく幽霊だと言われていた。

実際にあの暗い道で、深夜三時すぎの土手にぽつりと佇《たたず》む女の姿を見た者がいる。一人でいるはずがないから幽霊と断定し、車を停めて声をかけたが無視されたという。

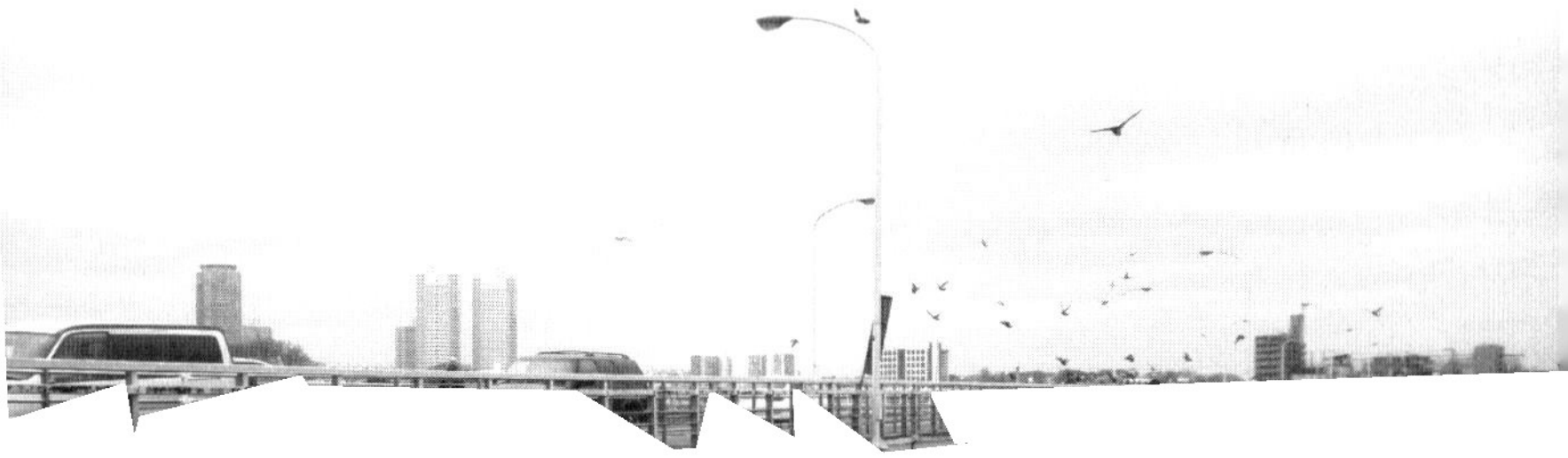

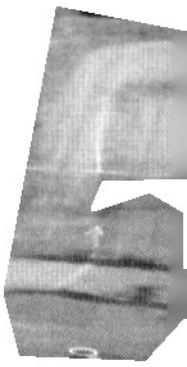

ガス橋。かつてこの下に赤ん坊がよく捨てられたという。現在は周辺の緑地は整備されているが、橋の下に行ってみると、じんわりとした暗い空気が漂っている。

多摩川土手の桜並木。ジョギングコースに沿って、春は桜の花が延々と続く。彼方には再開発で建設された高層マンションがそびえている。

昭和三十年代から四十年代にかけて、いまよりさらに暗かった多摩川の土手は、有数の怪奇スポットとして知られていた。かつて聞いた話では、ある女優が多摩川に近い撮影所から夜中にタクシーで移動中に、巨大な白い塊に追いかけられたという。昭和四十年代のことで、撮影していた映画は『野菊のごとき君なりき』であったというから、女優というのは当時の安田道代（後の大楠道代）ということになるのだろうか。

多摩川の丸子橋から下流に行ったところに「ガス橋」という妙な名前の橋がある。これは東京ガスが昭和六年（一九三一年）にガス管を通すために建設した橋で、もとは「瓦斯《ガス》橋」と漢字で書いたらしい。現在の橋は、昭和三十年代に新築された。周囲の緑地も整備され、近隣には高層マンションも建っているが、以前は寂しい場所だった。

昔からガス橋の近辺には怪談があった。中でも赤ん坊の泣き声が響くという噂が有名だった。夜に橋を通る人は、耳を塞いで足早に過ぎたものだという。橋の下に赤ん坊を捨てる母親が絶えなかったためで、小さな死骸が見つかるたびに騒ぎになったという。

遊女立花のこと

玉菊燈籠の原稿を書いた後、別件の取材に出かけて電車に乗っていたら、いつのまにか有楽町の駅に着いていた。目的の駅ではなかったが、なんとなく降りてみた。

何かに引かれるように歩いていくと、やがて「玉菊」という看板が目に入った。その名を持つ居酒屋があることを知り、しばらくその場に佇んでいた。

そこに行き着いたのは、まったくの偶然である。なぜ有楽町で降りたのか、理由を考えても浮かばなかった。玉菊に呼ばれたか……。もしかすると、玉菊の原稿で何か書き落としたことがあったかもしれない。そう考えて、一つあったことを思い出した。

世に伝わる玉菊燈籠の物語は、実は玉菊の事績よりも、立花という遊女の逸話がモデルになっている。その発見の経緯は本論に書いたが、紙数の都合で資料の全文を掲載しなかった。内容は説明したので、それだけでもよいと思っていた。

しかし、まるで夢のように居酒屋「玉菊」に導かれたのも、何かのサジェッションかもしれない。導いたのは玉菊ではなくて、立花だったかもしれない。そんなことを夢想しながら、江戸人を泣かせた立花の事績を読み直すうちに、やはりその全文を以下に掲載することにした。テキストは『日本随筆大成』による。読み仮名は私が付けた。

宝暦の頃、角町《すみちょう》万字屋庄兵衛《まんじやしょうべい》は庄左衛門が末なり。抱《かかえ》の遊女に、立花といへる有り。ことに深く云《いい》かわせし客有り。業《なりわい》につきて田舎へ行《いく》とて、暇乞《いとまごい》に来て、暫《しばらく》の内《うち》の別也《わかれなり》。無程《ほどなく》帰りて其節《そのせつ》こそ身請《みうけ》せん。それまでの見物《みもの》にせよとて、金百両残し別れぬ。扨其跡《さてそのあと》にて数々多かる客にまみゆる中にも、頻《しきり》に通ふ客ありて、終《つい》には身請せんといひ出る。立花は先の客に約あれ共《ども》、あらはにも言出《いいだし》がたく、兎角《とかく》する中《うち》、彼《かの》客、身《み》の代《しろ》の手付金なりとて二百両、主人庄兵衛へ渡したり。立花、是《これ》を聞《きき》て、今の客に身を任せては、前の客に義理立《たた》ずとて、前約の事を、組々《そそ》と書置《かきおき》に認《したため》て、其夜潜《ひそか》に自殺したり。うかれ女の身に、かゝる節操あること、百年の後、人をして泣《なか》しむ。亡骸《なきがら》は浅草新堀端永見寺といへる禅刹《ぜんさつ》に葬《ほうむり》て猶墳墓《なおふんぼ》有《あり》。

中川鉄橋の怪・後日談

中川鉄橋にまつわる話の補足をしておく。電車に飛び込んだ男性の自殺の理由がわからなかったので、本論では仕方なく不明と書いたが、後に少し判明した。

男性はある女性に恋をしたが、交際のきっかけがつかめず、手紙を書いても自分で渡す勇気がなかった。そこで親友に頼んで手紙を渡してもらったところ、その親友と相手の女性が仲良くなってしまい、「俺たち付き合うから」のようなことを言われたらしい。ショックを受けて、ふらふらと鉄橋を歩くことになったようだが、話はここからである。

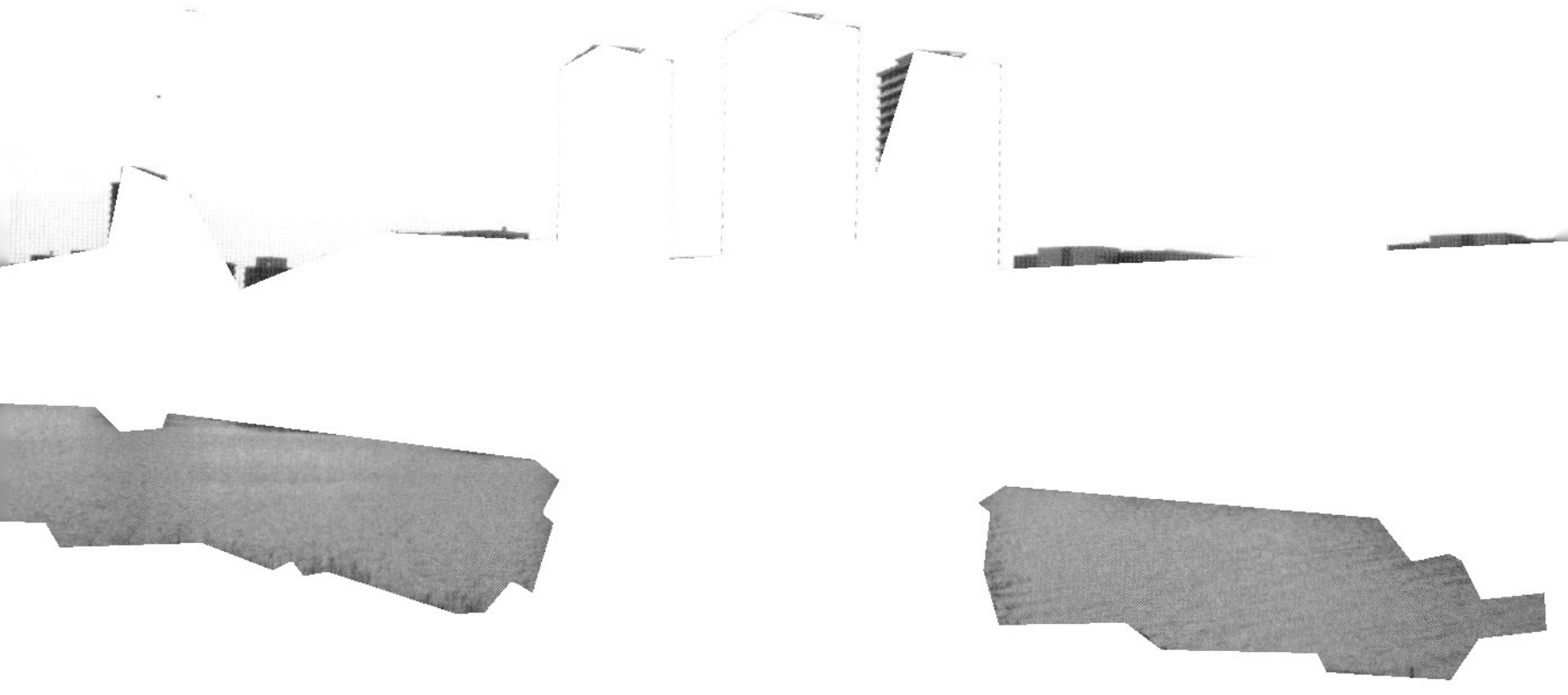

ガス橋の上から見た再開発エリア。高層マンションの右手にあるのはキヤノン本社の建物である。この一帯にはかつて三菱自動車の工場があり、戦前は軍事工場だった。

有楽町の居酒屋玉菊。何かに誘われるように駅を降りてガード下を歩いていたら、看板が目に入った。「ちょっと引っかけていらっしゃいな」という玉菊の声を聞いた気がした。

相手の女性も、後に自殺したのだという。先に自殺した男性の命日に、中川鉄橋の同じ場所で電車に飛び込んだ。なぜそうしたのか、動機などは一切不明だが、毎夜うなされていたという話がある。死の当日は特に様子がおかしく、いきなり家を飛び出した。

「あっ、恐ろしい顔——」と叫んだのが最後の言葉だったという。

補章② 隠された八百屋お七の秘密

ラジオが生んだ幽霊

昭和二十四年（一九四九年）に起きた八百屋お七の幽霊事件は、幽霊が出たと言いながら、誰もその姿を見ていない。足音が響いたというだけであり、これが事件の最大の特徴だった。

しかも、当初は工場の職員全員が幽霊の足音を聞いたかのように報じられたが、実は「下駄の音がする」と言って騒いだのは、年齢が四十代以上の職員に限られていた。同じ場所にいた若い人たちは、何らかの音は耳にしていても、それが〝幽霊の足音〟とは思っていなかった。年代によって音の解釈が分かれていたのである。

なぜ年配の職員だけが、幽霊の足音だと思ったのか。心理学者の南博によれば、これはまさしく暗示であって、場所がお七の墓に近いことから「小心者が自己催眠にかかるような小道具がそろっていたのだろう」という。

しかし、この問題はむしろ民俗学者の今野圓輔が『怪談 民俗学の立場から』で指摘したように、「いかにも江戸期から歌舞伎狂言などで培養された人たちらしい幻聴」という解釈の方が当たっているように思われる。当時の四十代以上の人というのは、要するに明治生まれの人である。戦前の怪談ブームの洗礼を受けた人たちが、頭の中で、牡丹燈籠のお露と八百屋お七を合体させていたのである。

当時の日本人は、現代の私たちより、音から想像を広げる能力に長《た》けていた。まだテレビのない時代であり、映画は流行していたにせよ、今日のごとくに映像に毒される環境は身の回りにはなかった。むしろラジオの影響を考えなければいけないのである。

昭和二十年代以前の日本人は、戦争が始まったのも、終わったのも、ラジオで知った。音声だけの放送が今日とは比較にならない有力なメディアであって、そのラジオで怪談ドラマも放送していたのである。そのせいなのか、戦前の怪談には、血みどろの幽霊があまり出てこない。戦後のテレビ時代になると、幽霊も天然色になるのである。

お七をめぐる謎

ところで、昭和になっても工場職員などの男たちに愛され続けた八百屋お七は、しばしば〝情念の女〟の代名詞となる。いまでも少女放火犯が出ると〝現代のお七〟などと呼ばれることがある。お七の行動そのものは、情念というより無思慮にすぎないけれど、あえて言えば切ない愚かさであって、ゆえに世間の耳目を引いたのはわかる。

しかし、それにしても、お七はあまりにも有名すぎやしないかというのが、かねてからの私の素朴な疑問であった。江戸時代の放火犯を調べてみると、十代の年齢で火刑になったのは、お七が唯一ではない。そのわりには現代まで知られている少女放火犯といえば、完全にお七のみであろう。男に会いたいために火を付けたという動機が大衆に受けたにせよ、かくもお七の物語が有名になったのは、本当にそれだけの理由なのだろうか。

この疑問は、お七が有名すぎるわりには実像がわからないというミステリーにつながる。三百年以上前の八百屋の娘の実像がわからなくても不思議はないといえばその通りだが、資料そのものは何種類も残されているので、およその実説は明らかである。

だが、歴代の考証家が首を傾げてきたのは、お七の素性を調べれば調べるほど、妙な矛盾が生じてくることだった。単なる創作とばかりも言えないような事実の改変がなされていたり、間違えるはずのないようなことを間違えていたりする。

しかも、お七の事件は、公的な資料にはまったく記録がない。幕府の正史である『徳川実紀』は一言も記しておらず、奉行所の判例集にもお七の公判記録は載っていない。それでいて、お七と同じ年に放火の罪で火あぶりになった〝お春〟という十六歳の少女の事例は載っているのである。これはどう考えてもおかしいだろう。

この問題について、私は平成十六年の雑誌『幽』連載時には、幕府当局が少年犯罪の美化を懸念して情報統制を図ったのではないかという見方を示しておいた。その後、災害史研究家・黒木喬の著書『お七火事の謎を解く』（平成十三年刊）を読んだところ、この本がすでに幕府による情報統制説を出していたことを知った。

黒木喬は、徳川綱吉時代の統制令の中に、屋号や人名に関する禁令があったことを指摘する。たとえば、将軍綱吉には〝鶴姫〟という娘がいたため、一般には〝鶴屋〟という屋号や〝鶴〟という名を子供に付けることを禁じたのである。

そのような時代に、お七の事件は起きた。すると、お七にまつわることにも何か差し障りがあって、真実を記した資料が残されなかったのではないかというのである。

隠されたお七事件

黒木喬は、将軍綱吉の生母・桂昌院が、もともと〝八百屋〟の娘から玉の輿に乗った人であることに着目する。桂昌院の父親は、公の資料では関白二条家に仕えた北小路太郎兵衛宗正とされるが、実は京都の八百屋仁左衛門の娘で、名をお玉といった。

一方、八百屋お七の父親は、名を市左衛門といったらしい。桂昌院の父・仁左衛門とは一字違いである。また、お七の父親の名はなぜか複数の説があって、江戸の川柳では久兵衛としている例が多く、本当は太郎兵衛だったという説もある。もし太郎兵衛が正しいなら、桂昌院の公の父親である北小路太郎兵衛と同じ名前ということになる。

このように、桂昌院とお七の素性には、奇妙な符合が見られる。そして桂昌院の出自については、将軍綱吉在世時から世間で噂の種になっていたという事情がある。八百屋の娘からお上にスカウトされて将軍の生母となったという話を聞いて、「それなら私も……」と憧れた人もいたかもしれないが、たいていは揶揄《やゆ》だったに違いない。

そういう下地があった上に、八百屋お七の放火事件が起きたのである。となれば、放火犯お七と将軍の生母との共通点は、ゴシップとして打ってつけだったに違いない。そこで幕閣は、お七にまつわる流言を統制し、資料の破棄を命じたのではないかというのが黒木喬の説である。この説は、江戸の資料に見られるお七の実像がなぜ曖昧《あいまい》なのかという歴代の考証家を悩ませてきた問題への回答として注目される。

ただ、一つ疑問に思うのは、お七が桂昌院と同じ〝八百屋の娘〟だったことが問題ならば、そこを隠さないと意味がないのではないかということだ。〝八百屋〟という要素を伏せなければ、桂昌院との符合を消すことはできない。しかし、現実にはあらゆる資料が、お七の家業を隠していない。むしろ〝八百屋お七〟という風に家業を強調している。

お七の事件に関しては、幕府が報道規制をしたと私も考えている。そしてその場合、規制された要素というのは、今日に残る資料で情報が錯綜している部分であろう。では、いわゆるお七物語の中で、どんな情報が不確かになっているか。

それはまず、先ほど述べたお七の父親の名前である。そして、お七の恋人の名前も複数伝わっていて一定しない。さらに、お七が恋人と出会った寺の名前も、現在は円乗寺という説で落ちついているが、これはお七の回向《えこう》をした寺であって、恋人と出会った寺かどうかはわからない。読み物によって複数の寺の名が伝わっていて定まらない。

つまりは、それらの要素が検閲に引っかかった部分だろう。したがって私は〝お七の父親〟と〝お七の恋人〟にまつわる何らかの事情が隠されたと見る。

お七の家は、本当にただの八百屋だったのだろうか。

残された記録のトリック

お七に関する最も詳しい実録資料は『天和笑委集《てんなしょういしゅう》』という本である。これはお七と同時代に書かれた記録として貴重なのだが、江戸文化研究家として知られる三田村鳶魚《えんぎょ》は、この資料の信憑性に疑問符をつけている。後世に改変されたものだというのである。

私も最初にこの本を読んだときは、美文調の曖昧な書き方が目立つので、あまり信用できないと感じていた。特にお七事件のくだりは、文章が優雅で創作的に思える。だから雑誌『幽』の連載でお七のことを取り上げたときには、『天和笑委集』はでたらめだとひどいことを書いたのだが、いまは考えが変わっている。この本は、わざと事実と創作を綯《な》い交ぜにして、事件の真相をぼやかしているのではないかと思うのである。

というのも、美文による誇張表現を気にせずに、話の骨子だけをあらためて読み直してみると、お七の処刑時の光景や、世間の騒然とした様子を描く手法には、カメラワークのような写実性が認められる。実際に現場にいた者の視線と思われるのである。

しかし、それでいてこの本は、お七の処刑の日を通説の三月二十九日ではなく、二十八日としている。円乗寺の墓碑銘に二十九日とあるので、通常はこれを疑わないが、お七の処刑日を確認できる公的な記録は存在しない。ゆえに、本当は二十八日が正しいという可能性もないではないが、こういうところが『天和笑委集』のトリックだと思うのである。

この本は、お七とともに火あぶりになった十三歳の少年放火犯がいたことを記しており、その者の名を〝喜三郎〟と明記している。この喜三郎については、公的記録である『御仕《おし》置裁許帳《おきさいきよちよう》』という奉行所の判例集にその名が載っている。彼はたしかに三月二十九日に火刑に処された。したがって、お七の処刑の日も二十九日説に分がある。

このように『天和笑委集』というのは、おおむね事実を記しているようでいながら、随所で読み手を煙《けむ》に巻くようなことをしている。ヒロインの命日でもある処刑日だけを間違えるというのも変な話であろう。わざと一日ずらしたのではないだろうか。

なぜそんな必要があるのかと考えてみて、私が思い起こすのは、四谷怪談の実説を記した『四谷雑談集《ぞうたんしゆう》』のことである。この本もルポルタージュ的な体裁を取りつつ、事実と伝説と創作を綯い交ぜにしている。怪談話に見せかけながら、実は下級武家社会の内実を告発した文書である。武家の事情を批判的に取り上げるのは御法度《ごはつと》であるから、こうした文書には必然的にトリッキーな手法が駆使される。内容が怪談になるのはそのためである。『天和笑委集』も、火あぶりの様子を具体的に描写するなど、幕府の裁きに批判的な色合いを持つ内容である。したがって、随所で事実を改変しながら、複数のライターが書き継いだものと見られる。むろん出版はできないから写本で流された。作者は不明だが、幕臣の国学者・戸田茂睡《もすい》の覆面仕事ではないかという柳亭種彦の説がある。

闇に葬られた恋人

お七の処刑から三年後、井原西鶴の『好色五人女』が刊行される。この本も実は覆面仕事であって、作者の署名はない。だから西鶴の仕事ではないという説もある。

いずれにしても、この小説の内容なら、早々と出版が許されたわけだ。そこが重要なのである。結果的に、事実と異なる〝お七と吉三郎〟の悲恋物語が後世まで流布した。いわば、この小説は、お七事件の実態を隠した急先鋒だったのである。

だが、フィクションの中に真実を知らせるヒントが隠されている場合もある。

たとえば、この小説では、お七一家が火事から避難した壇那寺を駒込の〝吉祥寺〟と設定している。吉祥寺は武家の寺であるから、八百屋の壇那寺ではあり得ない。お七の父親は八百屋以前に農民だったと『天和笑委集』は記している。そのことからも〝吉祥寺〟という設定は、誰が読んでもフィクションだとわかるようになっている。たぶん由緒ある有名な寺を舞台設定にしたのだろうと、一般にはその程度に思われている。

しかし、馬場文耕《ぶんこう》の『近世江都著聞集《きんせいえどちよもんじゆう》』（宝暦七年・一七五七年）によると、お七の父親は、もと前田家の足軽で、山瀬三郎兵衛という武士だったとされている。そしてお七の恋人は、本当は山田左兵衛といって、旗本二千五百石・山田十太夫の次男だという。

山田左兵衛は、継母の讒言《ざんげん》があって家に居づらくなり、壇那寺である円乗寺に身を寄せていた。お七との事件の後に旗本衆になったので、芝居や小説では実名が出せなくなり、小姓の吉三郎などに改変したのだという。このことはお七事件を担当した奉行・中山殿の日記を見せてもらったので間違いないと文耕は説明している。

馬場文耕は講釈師であるから、すべてを真に受ける必要はないのだが、すべてが作り事と決め付ける必要もない。要はこの説が、お七事件の謎を解く鍵になり得るかどうかが問題である。そして普通に考えて、馬場文耕の説は、とりあえず謎を解いている。

お七の恋人が寺小姓だったというのは、事実を隠すための創作であり、真実は旗本の次男であったとすれば、この事件は情報統制されて当然である。『好色五人女』の作者が、お七の壇那寺をあえて誰でもわかるような武家寺に設定したのも、恋人の真の素性がれっきとした〝幕臣〟であることを暗示した可能性がある。

文化・文政期（一八〇四年〜一八三〇年）に加藤曳《え》尾《び》庵《あん》という医師が記した『我衣《わがころも》』という随筆にも、「八百屋お七が本説」と題して馬場文耕と同じ説が載っている。また、同時期の国学者・山崎美成も、馬場文耕の説のみが「実に近きもの」と評価している。講釈師ゆえの創作もあるにせよ、大筋では納得できると幕末の考証家は見ていたことになる。

一方、円乗寺所蔵の『八百屋お七墳墓記』（弘化二年・一八四五年）では、お七の父親の本当の名を中村喜兵衛としている。そして、もとは農民ではなく、実は北越の大諸侯に仕えた武士だったと伝えている。さらに、お七の恋人は「山田某の甥」であり、一説に「伊勢の住人藤堂某の甥」ともいわれ、さらに「円乗寺住職の甥」だったともいう。

いろいろな説があってごちゃごちゃしているようだが、実は一貫しているのである。どの説も名前が一定していないだけで、お七の父親と恋人の素性が、本当は武士だったという点では一致している。東京都の職員だった石母田俊《いしもだしゅん》の『江戸っ子』という本を見ると、戦前にお七の正体を追跡した画家の伊藤晴雨《せいう》や、伝説学者の藤沢衛彦《もりひこ》なども、お七の本当の恋人はやはり武士であって、幕臣の山田左兵衛という結論に至ったようである。

作家の矢田挿雲《そううん》が書いた考証読み物『江戸から東京へ』では、お七の父親が元加賀藩の家臣だったために武家の信用を得て、御家騒動に巻き込まれた旗本の小堀左門を円乗寺にかくまう手助けをしたという説が紹介されている。この小堀左門がお七の恋人だったという話を、矢田は〝円乗寺の小母《おば》さん〟から聞いたと書いている。

こうした説は、実証的には問題があるので、学術的な通説にはなっていない。たとえば、『我衣』のテキストを収録する『日本庶民生活史料集成・第十五巻』の注釈では、山田左兵衛の名が『寛政重修諸家譜』に載っていないことを指摘する。つまり、幕府が編纂した大名・旗本の系譜集に名前がないというのである。左兵衛の父親とされる山田十太夫の名は二千石の旗本として実在が確認できるが、いずれにしても「直参二千石の息子が寺小姓に出ることは考えられないから、十太夫違いであろう」と解説している。

この注釈の書き方を見ると、やはり馬場文耕の説は講釈のネタにすぎず、まったく信用できないと思ってしまいがちである。それゆえにか、一般的なお七についての解説を見ると、まるで馬場文耕説を重視しないのがステイタスであるかのごとくである。

しかし、『寛政重修諸家譜』が金科玉条ではないのであって、とりあえず公の資料に旗本山田左兵衛の名前はないというだけである。そして、山田十太夫の名前ならあるので、十太夫違いかもしれないし、左兵衛が実名ではないのかもしれないというだけである。

また、お七の恋人が寺小姓だったというのは物語の設定にすぎないので、事実として直参二千石の息子が寺小姓に出たかどうかは問題ではない。お七と恋人がどこぞの寺で密会したとしても、その恋人が本当に寺小姓だったかどうかはわからないのである。

ただし、旗本の次男坊が家の都合で壇那寺に預けられていても不思議はないので、お七の恋人が旗本の息子であったという説を全面的に否定する必要はどこにもない。浅草寺の貫首だった網野宥俊《あみのゆうしゅん》によると、お七の恋人の素性については諸説あるものの、事件後に西運《さいうん》という僧になったことは間違いないという。目黒の大円寺《だいえんじ》に当人の位牌《いはい》がある。俗名は伝わらないが、出家してその名が家譜から消された可能性もある。

お七の恋人だった西運にゆかりの深い大円寺境内。西運の前身については、お七の恋人だった武士なのか、文使いをした吉三なのか定かではない。寺の案内では、お七の恋人が吉三であったという伝説に従っているので、西運の前身は吉三ということになっている。

お七の家があった場所。右に見える西教寺の敷地に八百屋があった。正面の木々が生い茂っている場所は現在の東大農学部。江戸期には先手組頭・森川金右衛門の屋敷があり、その裏に加賀藩邸があった。左側は東大グラウンドで、江戸期には水戸藩邸があった。

ちなみに「小堀左門」を『寛政重修諸家譜』で探してみると、同姓同名の人物が実在したことがわかる。小堀和泉守の次男で名を政報《まさつぐ》といい、通称が左門である。享保十八年（一七三三年）十月六日に十七歳で死んだというから、これを額面通りに受け取れば、お七が死んだ後に生まれたことになる。年齢的に矛盾する。しかし、七十五歳ぐらいで亡くなった西運の命日は、元文五年（一七四〇年）十月四日なので、出家後のお七の恋人と同時代の人物ではある。前述したように『寛政重修諸家譜』はすべて正しいデータを載せたものではないので、小堀左門はお七が処刑された後に十七歳で出家したという意味に取れば、小堀左門＝お七の恋人説は、なかなかいい線をいっているという見方もできる。

総合的に見て、お七の恋人が実は旗本の息子であり、お七の父親も実は元武士であったなら、幕府がそれらの要素を検閲したと見ることに矛盾はない。つまり、お七の事件報道から〝武家〟に関わる要素が排除されたと見るのである。

かくして私は、お七の恋愛事件の真相を、直参旗本との密通事件だったと見る。商家の娘と武家のスキャンダルが検閲・改変された結果、寺の美少年との恋愛話という当たり障りのない設定で物語が流布されたのだろう。

馬場文耕は、反体制ジャーナリストとして活動を続けたため、宝暦八年に逮捕され、打ち首の刑に処せられた。お七事件の真相を暴露した翌年のことである。直接的な逮捕の理由はお七報道ではなかったが、幕府がこの問題に神経を尖《とが》らせたのは、さらなる不都合な真実があったからではないかと私は考えている。キーワードは水戸徳川家である。

八百屋お七の正体

今日に伝わる八百屋お七のイメージで、案外見落とされているのは、お七の家が相当に裕福な家だったことである。父親はもともと貧乏だったが、様々な商売を手がけて成功し、森川宿《もりかわじゅく》（現・文京区本郷）に引っ越して新居を構えてから八百屋の店舗を拡大した。

初めから八百屋ではなく、いろいろな仕事を手がけて成功してから、八百屋も始めたということだ。どんな仕事を積み重ねたのかは伝わらないが、とにかく急テンポで事業を発展させて成功してから子供を儲《もう》けたというから、お七が生まれた寛文六年（一六六六年）頃には、すでに財をなしていたことになる。いまでいえば、八百屋というより、少なくともスーパーマーケットの経営者ぐらいには見た方がいいだろう。

意外に思われるかもしれないが、『天和笑委集』によると、お七は社長令嬢にふさわしい教育を受けていた。しかも、かなりの優等生であった。乳離れした頃から世の出来事に興味を抱き、七歳になると人の倍のスピードで読み書きをマスターした。『徒然草』や

『伊勢物語』など古今のテキストを与えると、五度読んですべて暗誦してしまったという。

どこまで本当かはわからないが、お七が事件以前から有名な子供だったのは事実だと思う。芝居では、お七が十一歳のときに自筆の額を湯島天神に奉納した話が出てくるが、実際に幼い頃から利発で評判の子供だったからこそ、後の放火事件とのギャップに衝撃が走ったのではないだろうか。ありていに言って、優秀な女子が年頃になって突然壊れるのはよくあることだが、いつの世でもその様子はショッキングなものだろう。

お七が火あぶりになったとき、読売（瓦版）はその模様を全国津々浦々に報じてまわった。ニュースの反響は凄まじく、後追い自殺も生んだという。こうした大げさにも思えるエピソードを一概に誇張とばかりも言えないのは、今日でもアイドルが非業の最期を遂げれば、似たようなことは起こるからである。それに事実として、江戸時代にお七を偲《しの》ぶ歌謡や伝承は全国に流布していた。お七事件の影響が各地に及んだことは間違いない。しかし、それでいて膨大な数に及んだはずの瓦版は、後世に一枚の痕跡も残していない。これもお上の命令で資料が破棄された結果のように思えるのである。

ところで、この時代の成金といえば、火事の多発から需要が増した土建業だった。紀伊國屋文左衛門も元は材木商であったように、火事の後始末は儲かったのである。

お七の父親が急速に金持ちになった理由として、『天和笑委集』は「しかるべき善報やありけん」と曖昧にしか触れていないが、火災と再建業のマッチポンプに目を付けて成功した可能性は大いにある。この時代の火事には、常に放火の噂が付きまとっていた。

江戸の火災記録を見ると、小石川の水戸徳川家藩邸が類焼したケースが多いことに気づく。いまその場所は、巨人軍の本拠地、東京ドームになっている。明暦の大火（一六五七年）を筆頭とする大火事で、あの一帯は江戸時代を通じて何度も全焼した。その度に放火の噂が出た。お七一家が避難した天和の大火も放火が原因とされている。

そんな時代に水戸藩邸は、やたらと火災に巻き込まれ、そのたびに新築をくりかえしていた。元禄十六年（一七〇三年）の大火に至っては、水戸藩邸から出火して〝水戸様火事〟と呼ばれた。このときの大被害をきっかけに、元号は元禄から宝永に替わるのである。

火事が起きるたびに、武家屋敷の再建という公共工事を受注して潤っていた業者がいたことは間違いない。水戸藩邸と癒着する業者が誰だったかは不明だが、当時、河内屋《かわちや》半兵衛《はんべえ》という商人が、水戸徳川家と取引する賄方《まかないがた》を務めていた。そして、お七の八百屋が河内屋と懇意にしていたのは事実である。八百屋の店舗は河内屋に土地を借りていた。

河内屋には娘が一人いて、名をお島といった。父親とお上のつながりから、お島は水戸家に奉公し、藩主徳川光圀《みつくに》の側に仕えた。水戸黄門の光圀様である。

お島が奉公に上がるとき、幼馴染《おさななじ》みの親友が別れを惜しみ、餞別《せんべつ》として袱紗《ふくさ》（贈り物などを包む布袋）をプレゼントした。この親友こそが、八百屋のお七であった。

ほどなくしてお七は放火を働き、江戸中がこの話題で持ちきりになった。親友の無惨な末路を知ったお島は、形見となった袱紗を生涯愛用したという。

このエピソードは、山崎美成が、随筆『海録《かいろく》』（天保八年・一八三七年）に記している。山崎は江戸下谷《したや》の薬屋であったが、学問研究に明け暮れて考証家として名を成した。ある日、その山崎のもとに、神田の菓子屋で眞志屋五郎作《ましやごろさく》という者が訪ねてきて、お島が持っていたお七の形見の袱紗を見せたという。水戸家に仕えたお島は、暇を出されてから眞志屋の五代目に嫁いだ関係で、遺品の袱紗は眞志屋の家に保存されていたのである。

森鷗外も『澀江抽齋』の中で、この辺の事情に触れている。それによると、眞志屋も河内屋と同じく、水戸徳川家の賄方を務めていた。そして世間では眞志屋のことを〝水戸侯の血縁〟と噂していたという。これがどういう意味なのかは定かではない。鷗外も「どうしてそんな説が流布せられたものか、今考へることが出来ない」と書いているが、お島が水戸家の計らいで眞志屋に嫁いできたこと自体、浅からぬ因縁があった証であろう。

鷗外は眞志屋のことも詳しく考証している。『壽阿彌《じゅあみ》の手紙』という作品がそれである。壽阿彌というのは、眞志屋五郎作が剃髪《ていはつ》してから称した号だが、鷗外がこの考証作品で突き止めようとしたのは、やはり眞志屋と水戸徳川家の関係だった。単なる水戸家の御用達《ごようたし》ではなく、どうも水戸家の御落胤《ごらくいん》らしいという線が『壽阿彌の手紙』の中ではいっそう濃く示される。さして富豪ともいえない眞志屋が、なぜか水戸家とつながり、火事になったときも水戸家から保護を受けている。その背景には「暗黒なる一問題」があると鷗外は睨《にら》んでいた。惜しむらくは、眞志屋と八百屋お七の関係までは追究されないことである。示されるのは、お島が保存していた袱紗のエピソードまでなのである。しかし、鷗外の慧眼《けいがん》は、お七の謎についても、あと一歩のところまで迫っていたように思う。

これらの逸話から私が想像するのは、お七の八百屋も、河内屋や眞志屋と同じく、水戸徳川家と何らかの縁故があった可能性である。

お七の家があった場所は、森川宿（本郷）とばかり言われている。だから一般には漠然と「本郷の八百屋だったのだろう」ぐらいにしか思われていない。具体的に本郷のどこに家があったのかは、なぜか多くの記録が口を噤《つぐ》んでいる。おそらくこれも、はっきりと記録することが憚《はばか》られたのだろう。お七の家は、現在の東京大学農学部の敷地に隣接していたのである。つまり、江戸時代の水戸藩中屋敷に隣接していたということだ。幕末の地図では西教寺という寺になっているあたりである。この寺は現在も同じ位置にある。

水戸屋敷の隣にあった加賀藩上屋敷の御守殿門《ごしゅでんもん》が、現在の東大赤門であることは有名である。しかし、お七の家が河内屋の斡旋《あっせん》でその並びに土地を得た意味は、これまでにまったく問われてこなかった。お七の父親が元前田家の足軽だったという説や、北越の大諸侯すなわち加賀藩の家臣だったという説などは、それなりに根拠のある伝承だったのだろう。お七の父親は加賀藩邸とも取引する有力な商人だったかもしれないが、むしろ江戸時代の記録がまったく触れない水戸藩との関わりを私は考える。河内屋お島が水戸家にスカウトされたように、お七も同じチャンスを得られる立場にいたと見るのである。

その辺の事情を歴史から消したのではないかと思うのは、お七の八百屋の屋号が伝わっていないからである。〝八百屋お七〟とわかり切ったように言われているが、これは屋号の匿名表記である。一般に「八百屋」とか「菓子屋」とか呼ばれていても、別に「鎌倉屋」とか「井筒屋」などの正式な屋号があったはずなのだ。しかし、お七の八百屋の屋号は、いっさい記録に残っていない。また、そのことに疑問も持たれてこなかった。お七の家が八百屋だったのは事実としても、その素性は完全に闇の中に葬られているのである。

ひょっとすると、お七と恋仲になった武士の素性も、本当は水戸家に行き着くのではないだろうか。幕府が事件報道の検閲に奔走したのは、お七の素性が水戸家のスキャンダルに及ぶことを恐れたからではないか。さらに言えば、公共工事の種になる火付けの仕事をお七にやらせたのは、どこのお武家だったか……と想像の翼を広げるのも一興である。

お七という少女は、本当は何者だったのか。その存在と事件の記録は、江戸時代の公式文書から、さっぱり消えている。公儀にとってお七事件は〝初めからなかったこと〟らしい。いまのところ私はお七問題の真相について、以上のように考えている。

あとがき

雑誌『幽』で「日本の幽霊事件」という連載を始めることになったとき、脳裏にあったのは、第一回目で旧防衛庁跡地にまつわる出来事を取り上げることだった。当時はまだ東京ミッドタウンは存在せず、旧軍時代の白い塀が敷地のまわりを囲っていた。

隣接する檜町公園《ひのきちょうこうえん》が、江戸期の毛利庭園の名残であることは、観光案内等で知られている。だが、この地で旧軍兵士の遺恨が取り沙汰された過去を知る人は少なくなった。再開発されて未来都市のようになってしまえば、なおさら記憶は遠のくものと思われた。

そこで旧軍時代の怪談を、私なりに記録に留めておこうと考えたわけだが、連載の第一回目にこの話題を据えた理由はもう一つある。それは、昭和二十一年に進駐軍司令部を恐怖のどん底に陥れた歌舞伎プレイ、すなわち旧日本兵の亡霊による深夜の銃乱射事件こそが、戦後最初に勃発した大規模な幽霊事件だったからである。

戦後怪談史の本流は、幽霊事件の記録史である。敗戦直後に米軍司令部を震撼させた事件の記録を連載の第一回目に据えることで、戦後怪談史の初発を示す意図があった。そして、昭和二十四年に起きた八百屋お七の亡霊騒動が、戦後最初にメディア・ミックスで展開された幽霊事件であったがゆえに、この話題を連載の第二回目に据えたのである。

　このように当初は計画がはっきりしていて、戦後怪談史の本流を時系列で記述していく構想があった。しかし、考えてみれば、怪談史において戦前と戦後という区分は大きな意味を持っておらず、むしろ継続している色合いが濃いのであった。戦後は戦前と繋《つな》がり、戦前は江戸期に繋がっている。それが〝日本の〟幽霊事件たる所以《ゆえん》でもあると思い直した結果、連載の第三回目にして当初の構想は放逐したという経緯がある。

　やはり自由にやるのがよさそうだ。昔から日本の文章には、随筆とか雑記と呼ばれるスタイルがある。誰が書いたのかわからないような身辺雑記の中に、ふとめずらしい話が挟み込まれていたりする。私も徒然なるままに、思いついたことを書き連ねていくうちに、それぞれの記事は自然のなりゆきで、随筆と雑記の中間スタイルのようなルポになった。連載がいつのまにか十回を超えていたので、ひっくるめてまとめたのが本書である。

　記事の内容は、年月を経て状況の変わったこともあり、自分の考えが変わった箇所もある。しかし一書に編むにあたっては、連載執筆当時の姿をできるだけ残すことにした。どうしても不自然に感じられる箇所のみを訂正し、状況の変化にともなう書き足しや、連載時に紙数の都合で省いたことなどは、補章を設けて記すことにした。

とりわけ八百屋お七については、記録の伝わり方そのものが怪談じみているので、なぜそうなのかという謎解きを試みた。幽霊事件を取っかかりにして、人の隠れた営みに思いを馳せるのが私の本旨であるから、お七に関してはむしろ補章がメインである。

怪談は真実を追うきっかけに過ぎないが、きっかけがなければ埋もれてしまう事実がある。それが本書に通底するテーマであり、私の一貫したモチベーションである。

【初出】

『幽』一号（二〇〇四年六月）から十三号（二〇一〇年七月）に掲載されたものに加筆・訂正しました。

「補章①」「補章②」は書き下ろしです。

【プロフィール】

こいけ・たけひこ

1963年、東京都生まれ。作家・ルポライター・怪談史研究家。幽霊・心霊事件の社会的背景を研究し、怪奇探偵としてテレビにも出演する。著書に『幽霊は足あとを残す』『幽霊物件案内』『呪いの心霊ビデオ』『四谷怪談 祟りの正体』『心霊写真 不思議をめぐる事件史』『怪奇事件はなぜ起こるのか』『怪談 FINAL EDITION』、共著書に『怪談実話系』などがある。

日本の幽霊事件

2010年7月16日　初版第一刷発行

著者…………小池壮彦
編集…………ダ・ヴィンチ／幽 編集部
発行人………横里 隆
発行…………株式会社メディアファクトリー
〒104-0061　東京都中央区銀座8-4-17
tel. 0570-002-001（読者係）
03-5469-4830（編集部）

印刷・製本…図書印刷株式会社
装丁…………山田英春

ISBN978-4-8401-3464-4　C0093